국제회의산업 정책

국제회의산업 정책

정은경 · 박대한

한국학술정보㈜

　우리나라의 국제회의에 대한 관심은 『국제회의산업 육성에 관한 법률』제정을 시작으로, 2000년 ASEM, 2002년 월드컵과 같은 대형국제행사를 유치하고 성공적으로 개최함으로써 그 관심이 고조되었다. 이는 국제회의 개최국으로서 얻게 되는 다양한 효과 특히, 경제적인 효과가 국제회의산업에 대한 인식을 새롭게 하는 계기가 되었기 때문이다. 세계 각국은 국제회의 산업의 효과와 가치를 인식하고, 이를 활성화하기 위한 적극적인 노력을 전개하고 있다. 국제회의산업이 중요한 국가산업으로 인식되고 있는 세계적인 추세에 따라 우리나라도 국제회의산업의 효율적인 진흥을 위한 구체적인 정책적 지원조치가 필요한 실정이며, 이를 위해 21C의 사회적, 문화적, 경제적, 정치적 환경 영향요인을 고려한 체계적인 국제회의산업 육성정책의 정립과 정책적인 노력이 절실히 필요하다.

　따라서 이 연구는 국제회의산업 육성을 위한 정책적인 방안을 마련하기 위하여 연구에 대한 이론적인 고찰을 통해 국제회의산업 육성정책에 영향을 미치는 요인을 살펴보고, 국제회의산업관련 기업과 관광관련 정부기구, 관광관련 협회, 교육·연구자 집단을 대상으로 한 전문가 집단을 구성하여 국제회의산업의 여건에 관한 인식과 국제회의산업 육성을 위한 정책 방안에 대한 의견조사를 실시하고, 국제회의산업 육성과 발전을 위한 구체적인 정책방향과 과제를 제시하고자 하였다.

　그 결과, 국제회의산업 시설·서비스 정책방안에 있어서는 국제회의 시설의 지방 분산과 각 지방자치단체의 자율운영 및 차별화를 중요한 사안으로 제시하였으며, 전시시설에 대해서는 지자체별 차별화 전략과 새로운 이벤트의 발굴, 유사행사 규제를 통한 운영이 필요하다는 것을 지적하였다. 숙박과 교통시설에 대해서는 지역별 다양한 등급의 호텔 건립, 중저가 숙박시설의 확충과 지자체의 교통인프라 구축을 위한 적극적인 노력의 필요성을 중요하게 주장하고 있어 지자체의 교통인프라 지원을 위한 새로운 예산편성이 필요한 실정이다. 국제회의산업 경제적 정책방안에 있어서 국제회의종사원의 임금제도는 정부의 임금 보조금 제도, 최저임금제 가이드라인, 임금표준단가표 책정 등을 통한 컨벤션 업계 종사원 인사처우가 개선되어야 한다는 의견이 강하게 제시되었으며, 수익평가에 따른 실적제 도입 등의 정책마련도 제안되었다. 국제회의 개최지로서의 이미지 향상을 위해서는 적극적인 국제기구 가입활동과 국제기구 내에서의 주도적 위치 선점이 무엇보다도 우선시 되어야 할 대안으로 제시되었다. 관광 자원에 대한 의견은 차별적 관광자원과 이벤트의 발굴을 위한 노력과 한국적 상품개발 및 전통문화 프로그램을 개발하는 노력이 필요함을 가장 중요하게 지적하였으며, 국제회의와 연계된 다양한 관광상품 개발의 대안에 있어서도 유치지역별 특성을 살린 차별적인 행사의 개발이 절실하다는 의견을 나타내었다. 그리고 정치적 안정을 유지하기 위해 신문, TV매체의 올바른 보도와 외교력 부문에 있어서 국제기구 전문인력을 양성하여 외교역량을 강화하는 것이 가장 필요한 것으로 지적되었다.

이 연구는 우리나라 국제회의산업 육성을 위한 정책적 방안을 제시하기 위하여 델파이 기법을 이용한 조사방법을 택하였다. 즉, 37명의 소수 전문가 집단을 대상으로 조사함에 따라, 표본수가 적어 집단간의 차이를 검증하는데 큰 의미가 없는 한계점이 있었다. 또한, 지역별 국제회의산업 육성 정책을 위한 보다 실질적인 방안 연구가 부족하였다. 따라서 향후 연구에 있어서는 이 연구의 정책 방안으로 제시된 과제들에 대한 보다 구체적이고 심도 있는 연구가 이루어져 우리나라 국제회의산업 육성에 크게 기여할 수 있기를 기대한다.

목 차

제1장 서 론

제1절
연구의 필요성과 문제 제기

국제회의산업은 관광, 레저, 숙박, 식음료, 문화오락, 교통통신, 인쇄출판, 광고 등에 막대한 경제적인 파급효과를 미치는 종합산업임과 동시에 지식과 정보의 생산과 유통을 촉진시키는 지식기반 산업이다. 또한, 고용창출 효과가 높은 서비스 산업으로서 관련 산업들이 새로운 일자리를 창출시키며 지역경제를 활성화시키고 막대한 외화 획득과 세수 증대를 가져다주는 고부가가치 산업이라고 할 수 있다.

국제회의산업의 경제적인 파급효과는 국제회의산업에 대한 인식을 새로이 하는 계기가 되었으며 세계 각국은 국제회의산업의 효과와 가치를 인식하고, 이를 활성화하기 위한 적극적인 노력을 전개하고 있다. 국제회의산업이 중요한 국가산업으로 인식되고 있는 세계적인 추세에 따라 우리나라도 국제회의산업의 효율적인 진흥을 위한 구체적인 정책적 지원조치가 필요한 실정이다.

우리나라는 1979년 PATA총회의 개최를 시작으로 국제회의 유치에 대한 관심이 높아졌으며, 1983년 ASTA총회, 1985년 IMF총회, 1993년 대전세계박람회, 1986년 아시안게임, 1988년 서울올림픽을 개최하면서 성장을 거듭해 왔다.

특히, 1996년 12월 국제회의 유치촉진, 국제회의 개최지원, 국제회의 산업 육성을 목적으로 『국제회의산업 육성에 관한 법률』이 제정되어 '97년 3월 31일부터 시행됨으로써 국제회의산업 발전의 새로운 전기를 맞이하게 되었다. 이 법률에는 국제회의시설의 종류와 규모, 국제회의 유치지원에 대한 사항, 국제회의도시 지정기준과 우선지원 등에 관한 내용이 규정되어 있지만, 이에 대한 구체적인 규정이 미비하여 실제 국제회의 유치와 개최에 많은 어려움을 겪고 있다.

국제회의를 개최하기 위해서는 전문 회의장과 부대시설, 숙박시설, 각종 관광시설 등이 필요하다. 우리나라는 2000년 ASEM, 2001년 WTO총회, 2002년 월드컵축구대회 개최와 더불어 2000년 5월 KOEX 컨벤션센터, 2001년 4월 대구전시컨벤션센터, 2001년 9월 부산전시컨벤션센터. 2003년 3월 제주컨벤션센터, 2005년 4월 고양 한국국제전시장이 개관되었으며 광주, 대전 등에서도 컨벤션센터가 건립 추진 중에 있다.

우리나라가 국제회의 개최지로서 경쟁력을 높이기 위해서는 이러한 회의 전문시설의 건립과 편의시설 확충문제를 해결하는 것 외에도, 국제회의 유치 단계별 지원에 있어서 구체적인 관련 제도를 정비하고, 전문 인력 양성 교육기관과 국제회의 자격제도의 문제점 해결, 국제회의 관련조직의 부족 및 조직의 효율적인 활동이 이루어지지 않는 문제 등의 해결을 위한 관련법·제도의 개선이 매우 시급한 실정이다.

이와 더불어 변화하는 21C의 사회적, 문화적, 경제적, 정치적 환경 영향요인을 고려한 구체적이고 체계적인 국제회의산업 육성정책의 정립과 정책적인 노력이 필요하다.

제2절
연구 목적

이 연구는 위에서 제시한 문제점들을 바탕으로 국제회의산업 육성을 위한 영향요인을 파악하고 이에 대한 정책적인 접근방안을 마련함에 있어서 국제회의산업 관련 기업(국제회의기획업체, 시설업체), 관광관련 정부기구(문화관광부, 한국관광공사, 컨벤션뷰로), 관광관련 협회, 교육·연구자 집단(학계와 교육·연구기관)을 대상으로 한 전문가 집단의 국제회의산업의 여건에 관한 인식과 국제회의산업 육성을 위한 정책방안에 대한 의견을 파악하고 분석하여 이를 바탕으로 향후 국제회의산업 육성과 발전을 위한 구체적인 정책방향과 과제를 제시하고자 한다.

연구 목적을 달성하기 위한 이 연구의 구체적인 목표는 다음과 같다.

첫째, 국제회의산업 육성을 위한 여건을 분석하기 위해 국제회의산업의 현황을 살펴보고, 문제점을 파악한다.

둘째, 국제회의산업의 육성정책에 대한 선행 연구를 통하여 국제회의산업 육성을 위한 이론을 고찰함으로써, 연구 분석의 기초 자료로 삼는다.

셋째, 국제회의산업 육성을 위한 정책방안을 모색하기 위해 전문가 집단을 대상으로 의견조사를 실시한다.

넷째, 전문가의 의견조사를 거쳐 분석된 자료를 통해 국제회의산업 육성을 위한 합리적이고 유용한 정책방안을 제시한다.

제3절
연구 방법

이 연구에서는 이론의 검토와 각종 통계 및 사례를 탐색하기 위한 문헌연구를 선행하였으며, 국제회의산업 관련 전문가를 선정하여 전문가 의견조사를 실시하고 분석하였다.

국제회의산업의 개념을 정립하기 위하여 국내외 문헌을 연구하고 이론을 분석하였으며, 국제회의산업 정책의 방안 탐색을 위하여 각종 간행물과 연구 자료를 분석하였다.

국제회의산업 육성을 위한 구체적인 정책방안을 도출하기 위하여 국제회의산업 관련 기업, 관광관련 정부기구, 관광관련 협회, 교육·연구자 전문가 37명을 선정하여 전문가 의견 응답집단을 구성, 델파이방법(Delphi Technique)을 이용하여 전문가 의견조사를 실시하였다.

실증조사 분석 기간은 2005년 1월부터 3회에 걸쳐 실시하였다. 37명으로 구성된 전문가 집단을 설정하여 1라운드에서 도출된 항목별 중요도 결과에 따라 2차 설문지를 작성하여 2라운드에서 구체적인 국제회의 정책방안을 제시하도록 하였으며, 3라운드에서 2차 의견에 대한 의견집약과 중요도 순위를 통해 이 연구에서 필요한 방안설정의 기준을 삼았다.

마지막으로, 전문가 의견조사 결과와 국내외 환경요인들을 검토하여 합리적이고 구체적인 국제회의산업 육성을 위한 정책방안을 제시하고자 하였다.

제4절
연구의 구성

이 연구의 전체적인 구성은 제1장 서론을 포함한 5개 장으로 하였다.
제1장은 서론으로 연구의 필요성과 문제 제기, 연구의 목적, 연구의
방법을 제시하였다. 제2장은 국제회의산업 개념 정립과 국제회의산업의
육성정책방안 제시를 위한 이론적 배경을 고찰하고자 하였다. 제3장은
연구설계 및 조사방법으로 실증분석을 위한 연구 모형과 설문지를 구
성하였다. 제4장은 실증조사와 분석으로서 전문가 의견조사를 통한 검
증을 통해 국제회의산업 육성을 위한 합리적이고 체계적인 국제회의산
업 육성정책방안을 제시하였다. 제5장은 결론으로 연구결과의 요약과
시사점, 향후 연구의 방향을 제시하였다.

이 연구의 흐름도를 제시하면 <그림 1-1>과 같다.

서 론
연구의 필요성, 목적
연구방법과 연구흐름도
이론적 배경
국제회의산업 육성정책 이론
국제회의산업 정의, 효과
국제회의산업 육성정책의
결정과정, 영향요인
국제회의산업
육성정책 현황 분석
국제회의산업 유치환경,
국내, 해외 육성정책
국제회의산업
육성정책 선행연구
국제회의산업
육성정책 방향
연구모형 구축
실증 조사
설문 대상(전문가) 선정
기획업체, 시설업체,
교육기관, 호텔, 학계,
정부기관, 협회소속 전문가
설문지 구성
국내 국제회의산업 여건과
육성정책, 육성 영향요인,
정책적 접근방안에 관한 질문
설문지 배포 및 회수
조사방법: 델파이기법
05.1월~2월 기간 동안
3회에 걸처 설문 조사
실증조사 결과 종합 분석
국제회의산업 육성정책 방안 도출
결 론

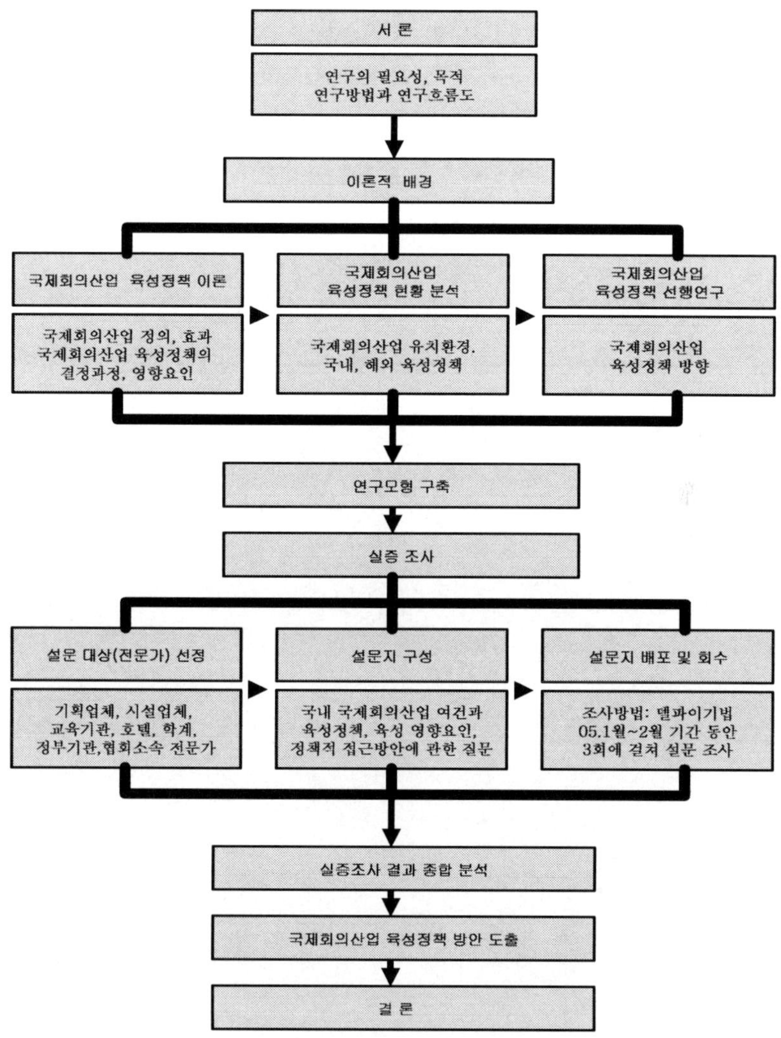

〈그림 1-1〉 연구의 흐름도

제 2 장 이론적 배경

제1절
국제회의의 정의 및 효과

1. 국제회의의 정의

국제회의란 주로 회의, 대회, 집회 등의 의미를 지닌 용어로서 사용되고 있으며 회의의 주제, 진행방법, 참가인원 등에 따라 다양한 형태를 갖는다. 그러나 어떠한 형태와 명칭을 가지든 국제회의는 만나고, 정보를 교환하며, 문화교류와 관광을 포함하는 사회적 기능을 포괄하고 있다. 요컨대 국제회의란 국가 간의 이해를 조정하고, 상호 정보 및 자료의 교류를 도모하며, 우호를 증진하기 위하여 마련되는 대화의 장이다(최승이 · 한광종, 1995: 19).

국제회의의 개념에 대한 정의는 일반화되어 있지만 국제회의의 성립여부를 가름하는 세부기준의 설정은 여전히 국가나 국제회의 관련기관들 간에 시각차를 드러내고 있다. 즉, 참가국 및 참가자 수, 외국인 참가비율, 그리고 주체와 회의기간 등의 요건에 따라 국제회의의 성립여부와 그 범위가 다양하게 설정되어 있다.

각 국제기구들의 국제회의 정의를 보면 다음과 같다.

1) 국제협회연맹(UIA, Union of International Association)
   : 국제기구가 주최하거나 후원하는 회의 또는 국제기구에 소속된
   국내지부가 주최하는 국내회의 가운데
   - 전체참가자 수가 300명 이상
   - 참가자 중 외국인이 40% 이상
   - 참가국 수 5개국 이상
   - 회의기간이 3일 이상
2) 국제회의협회(ICCA, International Congress & Convention Association)
   - 최소한 참가자 수가 50명 이상
   - 회의는 주기적으로 개최되어야 하며
   - 4개국 이상 참가.
3) 아시아 국제회의협회
   (AACVB, Asian Association of Convention & Visitor Bureaus)
   외국인이 10% 이상, 방문객이 1박 이상 상업적 숙박시설을 이용
   하여야 한다.
   - 국제행사: 2개 대륙 이상에서 참가하는 국제회의 행사
   - 지역행사: 동일대륙에서 2개국 이상 참가하는 국제회의 행사
   - 국외행사: 참가자 전원이 자국이 아닌 다른 나라로 가서 행사
   를 개최하는 국제회의 행사
4) 한국관광공사 정의
   국제기구 본부에서 주최하거나 국내단체가 주관하는 회의 중
   - 3개국 이상,
   - 외국인 참가자 수 10명 이상인 순수 국제회의, 전시회, 기타 행
   사를 포함하는 회의
5) 국제회의산업 육성에 관한 법률에 의한 정의
   국제회의산업 육성에 관한 법률에서는 국제회의를 다음과 같이
   정의하고 있다.

국제기구 또는 국제기구에 가입한 기관이나 법인·단체가 주최하는 국제회의로서

-5개국 이상의 외국인이 참가하고,

-300명 이상이 참가하는데,

-그중 100명 이상이 외국인이어야 하며,

-3일 이상 진행되어야 한다.

반면에 국제기구에 가입하지 아니한 기관 또는 법인, 단체가 개최하는 회의 가운데 회의참가자 중

-외국인이 150인 이상일 것,

-2일 이상 진행되는 회의를 국제회의라고 규정하고 있다.

〈표 2-1〉 국제회의에 대한 정의

	주 최	참가국 수	참가자 수	회의기간
UIA	국제기구 또는 이에 가입한 국내단체	5개국 이상	300명 이상	3일 이상
ICCA		4개국 이상	50명 이상	
AACVB	공인단체 또는 법인	2개 대륙 이상	10% 이상	3일 이상
한국관광공사	국제기구 본부 또는 국내단체	3개국 이상	외국인 참가자 10명 이상	
국제회의산업 육성에 관한 법률	국제기구 또는 이에 가입한 단체	5개국 이상	300명 이상 (100명 이상이 외국인)	3일 이상
	국제기구 또는 이에 가입하지 않은 단체		외국인이 150명 이상	2일 이상

자료: 주요기관의 참고문헌에 의거 논자 재구성

국제회의산업에 대한 정의를 보면, '국제회의산업 육성에 관한 법률' 제2조 1항에 "국제회의산업이란 국제회의의 유치 및 개최에 필요한 국제회의시설 및 서비스 등과 관련되는 산업"이라고 정의하고, 동법 시행령 제3조에서는 국제회의시설의 종류를 전문회의시설·준회의시설·전시시설 및

부대시설로 구분하여 규정하고 있다. 그리고 관광진흥법 제3조에서는 국제회의 기획업을 "국제회의 기획·준비·진행 등 필요한 업무를 행사주최자로부터 위탁받아 대행하는 업"으로 규정하고 있다(<표 2-2> 참조).

광의의 의미로 국제회의산업을 MICE(Meeting, Incentive, Convention & Exhibition)산업이라 하여 국제회의뿐만 아니라 같은 범주에 속하는 각국 단체나 외국기업들의 해외개최회의, 인센티브관광·전시회·박람회 등을 국제회의산업에 포함시키고 있다. 따라서 국제회의산업의 개념을 "국제회의 유치 및 개최에 필요한 국제회의시설·서비스 등과 관련되는 산업뿐만 아니라 국제회의 참가자의 국제회의 전과 국제회의 진행 중 및 국제회의 후의 겸목적적 관광행위와 관련되는 산업"으로 설정할 수 있다(이장춘·박창수, 2003: 139).

<표 2-2> 국제회의산업에 대한 정의

법 률	내 용
관광진흥법	〈국제회의업의 종류 규정〉 1. 국제회의시설업: 대규모 관광수요를 유발하는 국제회의를 개최할 수 있는 시설을 설치·운영하는 업 2. 국제회의기획업: 대규모 관광수요를 유발하는 국제회의의 계획·준비·진행 등의 업무를 위탁받아 대행하는 업
국제회의산업 육성에 관한 법률	국제회의산업이라 함은 국제회의의 유치 및 개최에 필요한 국제회의시설·서비스 등과 관련되는 산업
국제회의산업 육성에 관한 법률 시행령	〈국제회의시설 구분〉 1. 국제회의시설은 2,000명 이상의 인원을 수용할 수 있는 대회의실, 30명 이상의 인원을 수용할 수 있는 중·소회의실 10실 이상, 2,500㎡ 이상의 옥내 전시면적 등을 요건으로 규정 2. 준회의시설은 국제회의 개최에 필요한 회의실로 활용될 수 있는 호텔연회장·공연장·체육관 등의 시설로서 600명 이상을 수용할 수 있는 대회의실, 30명 이상의 인원을 수용할 수 있는 중·소회의실 3실 이상 등을 요건으로 규정하고 있다. 3. 전시시설은 옥내 전시면적 2,500㎡ 이상, 30명 이상의 인원을 수용할 수 있는 중·소회의실 5실 이상 등을 요건으로 규정하고 있다. 4. 부대시설은 국제회의시설 및 전시시설에 부속된 숙박시설·주차시설·식음료시설·휴실시설·쇼핑시설 등으로 규정함.

자료: 국제회의 관련 법률을 참고하여 논자 구성.

2. 국제회의의 구성요소

국제회의의 주요 구성요소에 대하여 안경모(1999)는 회의주최자 및 기획가, 관련서비스 제공자, 국제회의 전담 공공조직, 회의참가자, 그리고 국제회의 기반시설 등으로 대별하였으며, 이들 구성요소들은 상호 의존관계를 맺고 있다고 하였다.

서승진(2002)은 국제회의 시장은 하나의 시스템이며 회의주최자, 개최장소, 회의참석자 등의 3대 주요 인자로 구성된 유기적 조직체이며, 그 외 구성요소로 전시부문과 해당도시 국제회의 전담기구, 국제회의 서비스업체 등이 있다고 하였다.

국제회의의 구성요소에 대하여 분류해 보면 다음과 같다.

1) 국제회의 주최자와 개최자

국제회의 주최자는 국제회의 개최를 전제로 국제회의를 통해 특정한 사안을 달성하려는 목적을 두고 있는 조직 또는 단체로서 정부조직·국제기구·전문가단체·기업단체 등이 해당된다. 개최자는 국제회의 주최자의 특정회의를 개최하기 위한 일시적인 조직 또는 단체이다. 따라서 국제회의 주최자가 비교적 지속성을 띤 조직인 반면, 개최자는 특정회의와 관련되어 조직되는 일시적인 조직이라고 할 수 있다.

2) 국제회의 참가자

국제회의 참가자란 국제회의 개최목적과 관련이 있는 사람들로 국제회의에 직접적으로 참여하는 사람을 말한다. 국제회의 참가자는 참가자격에 따라 공식적인 참가자와 비공식적인 참가자로 나뉠 수 있으며, 공식적인 참가자는 국가·국제기구 및 단체를 대표하는 구성원이다.

3) 국제회의 지원조직

국제회의산업의 지원조직은 주로 국가기관과 공공단체 및 공적 단체 등 광의의 공공조직으로, 국제회의산업을 국가산업적 측면에서 지원하는 데 중점을 둔다. 국제회의산업의 지원조직은 민간조직과 달리 국제회의 개최로 인하여 국가 및 지역경제 전체에 미치는 직접적 효과와 파급효과를 극대화시키기 위해 행정적·재정적으로 지원한다(이장춘·박창수, 2003: 149).

정부조직으로는 국무총리 행정조정실, 문화관광부, 산업자원부, 경찰청, 관세청 및 지방자치단체가 있으며, 국제회의 전담 사무국으로는 한국관광공사 컨벤션뷰로, 각 도시의 전담조직(CVB)이 있다. 공공지원조직으로는 대한무역진흥공사, 한국관광협회, 한국학술진흥재단, 정보통신연수원, 국제교류재단, 한국과학기술단체 총연합, 한국과학재단 등이 있다.

그중 컨벤션뷰로는 국제회의 개최지에 관한 세밀한 정보를 제공할 뿐만 아니라 해당지역을 대표해서 국제회의가 개최되도록 유도하고 성공적인 국제회의가 되도록 여러 가지 서비스를 제공하는 조직이다. 컨벤션뷰로의 업무내역을 보면, 국제회의시설이나 숙박시설에 관한 정보를 제공하고, 동시통역사 등 회의운영에 관련된 서비스에 관하여 주최측과 협의, 국제회의 유치지원, 국제회의시설과 숙박시설, 교통 및 서비스기관에 관한 기초조사도 실시한다. 이외에 국제회의 유치와 선전을 위한 활동과 국제회의 유치뿐 아니라 일반 관광객을 유치하기 위한 활동도 병행 실시한다(최태광, 2004: 43).

컨벤션뷰로는 지역 내 모든 회의시설과 밀접한 실무관계를 유지하여 국제회의시설의 전략적 마케팅 주체가 되기도 하며, 국제회의 기획자가 없는 단체를 위해 회의기획과 운영활동을 지원해 주기도 한다. 즉, 컨벤션뷰로는 해당지역을 국제회의 개최지가 되도록 지원활동을 하고 있으며, 광고와 선전활동을 통하여 해당지역을 소개, 선전하는 광범위한 서비스를 제공한다.

4) 국제회의시설업

국제회의시설로는 컨벤션센터, 컨퍼런스센터, 호텔·리조트 내 회의장, 대학 및 연구소의 준회의시설, 문화센터 등이 있다.

컨벤션센터는 국가, 지방자치단체 또는 민·관형태의 조직이 소유하고 경영하는 형태가 많았지만, 최근에 이르러 민간에게 위탁 경영하는 예가 늘고 있다. 하지만, 컨벤션센터는 그 성격상 영리를 추구하는 데 많은 제약이 따르기에 국가에서 여러 형태로 보조를 해주고 있다.

5) 국제회의 서비스업

국제회의 서비스업체로는 국제회의기획업체와 개최지 관리회사(DMC, Destination Management Company), 통역·번역업체, 장식 및 간판업체, 인쇄업체, AV 장비 임대업체, 회의장 소도구 및 기념품 제조업체, 기록사진·슬라이드·영화·VTR전문업체, IT관련업체 외에도 숙박서비스를 제공하는 호텔, 관광관련 여행업, 수송관련 교통업 등이 있다. 이 중, 숙박업체의 결정은 참가자의 경제적인 사정을 감안한 장소의 선정이 무엇보다 중요하다고 할 수 있다.

현지 서비스업자인 개최지 관리회사는 회의 기획자와 다양한 현지 서비스 제공업체 간의 중개자 역할을 하고 있으며, 현지의 연예 오락이나 행사 제공업자의 능력을 거의 알고 있지 못하는 회의 기획자에게 많은 정보를 지원해 주고 있다. 개최지 관리회사가 제공하는 서비스를 보면, 주제파티나 식사행사 서비스 제공, 극장수배, 행사티켓 예약, 문화교육·수상관광, 박물관 관람, 영접, 수송, 동반자 프로그램 운영, 개최지 선정 지원, 등록, 시청각서비스, 번역사, 연사, 연예인 수배, 부스

요원 채용 등의 서비스를 제공한다.

무엇보다도 서비스 업체를 선정하는 데 있어서 중요한 것은 서비스의 질과 합리적인 가격이라 할 수 있다.

3. 국제회의의 효과

국제회의산업의 효과라 함은 국제회의를 유치·개최함으로써 지역 또는 국가에 발생되는 모든 결과라고 할 수 있다. 즉, 국제회의산업의 효과는 국제회의를 개최함으로써 기대되는 결과로 경제적 효과 이외에도 정치·외교적 효과, 사회·문화적 효과, 관광 산업적 효과 등이 있다.

1) 정치·외교적 효과

국제사회에서 자국과 상대국가와의 정치적 관계는 상대국에 대한 상호이해에 따라 협력관계와 경쟁적인 관계로 구분할 수 있다. 국가 간 정치적 협력에 영향을 미치는 요인으로는 사회체제의 부문별 협력 및 그 수준, 국교의 수립 및 지속성, 국제사회에서 상대국에 대한 지지 등을 들 수 있다.

또한, 국제회의에는 통상 수십 개국의 대표들이 대거 참여하므로 국가 홍보에 기여하는 바가 크다. 더욱이 국제회의 참가자는 대부분 정부기관 또는 사회 각 분야에서 영향력이 있는 지도급 인사라고 할 수 있으므로 정부차원에서 뿐만 아니라 민간외교 차원에서도 그 파급효과가 지대하다(박승욱, 1987: 10).

국제회의는 정치적 이념을 달리하는 국가나 단체 간에 커뮤니케이션이 이루어질 수 있는 계기가 되며 장기적으로 이념의 차이를 줄여나가는 장이 될 수 있다. 이처럼 국제회의 참가자들이 서로 정보를 교환함과 동시에 국제 간의 이해를 증진시키는 장으로 활용됨으로써 국제관계 개선뿐만 아니라, 더 나아가서는 인류의 공동발전과 복리 증진, 테러·국제분쟁을 해결하고 세계평화에 기여하는 장이 될 수 있다(임형택, 2002).

2) 경제적 효과

국제회의 개최 및 국제회의산업 진흥에 따르는 경제적 효과는 국제회의산업과 이와 관련된 산업부문에 대한 파급효과와 연쇄효과를 포괄하는 개념으로 회의장, 숙박시설, 음식점, 운송업체, 관광업체 등을 비롯한 각 산업분야에 미치는 파급효과가 매우 크다. 즉, 국제회의를 개최하는 사무국에서는 회의를 준비하고 운영하는 과정에서 다양한 분야의 인력을 고용하고 서비스를 제공받게 됨에 따라 고용의 증대와 관련 산업의 발전, 국제수지의 개선, 국민경제 활성화에 크게 기여하게 된다.

3) 사회·문화적 효과

국제회의를 통한 외부 참가자의 유입은 지역사회의 사회관계를 형성하게 된다. 일정기간에 대규모의 외부 참가자가 유입되므로 이에 대한 사회·문화적인 영향은 매우 크다고 볼 수 있다.

국제회의 외부 참가자와 지역주민의 사회관계에서는 긍정적인 부분과 부정적인 부분이 있는데, 일반적으로 외부 방문객과 지역주민의 사회관계는 부정적인 인식이 많았다. 지역주민과 외부 방문객의 규범과 가치기준의 차이로 인한 갈등이 또한 이러한 부정적인 영향의 대표적인 것이라 할 수 있다. 전통적인 문화와 사회적 규범이 파괴되고, 지역주민의 열등감이나 국제회의 개최기간 동안의 국가적·지역적 통제조치로 인한 시민의 불편이 전체참가자에 대한 분노를 불러일으킬 수 있으며, 이러한 분노는 범죄를 유발할 수도 있다.

긍정적인 효과는 지역주민의 의식 향상, 선진화된 행동양식의 도입, 외부 문화에 대한 긍정적인 인식의 증대 등을 들 수 있다.

또한, 국제회의에 참가한 외국인에게 자국의 문화를 알리는 좋은 기회로 활용할 수 있고, 회의 개최기간 중 개최지를 중심으로 복합문화공간이 형성될 수 있다. 즉, 각종 시설물의 정비, 교통망 확충, 환경 및 조경개선, 항공 및 항만시설 정비, 신상품 개발 등 일반사회의 발전에 광범위한 긍정적 파급효과를 가져올 수 있다.

4) 관광산업 진흥적 효과

국제회의가 활성화된다는 것은 국제회의 기획·개최자나 참가자가 이용하게 되는 다양한 산업 즉, 교통·숙박·외식·음료·관광상품·연계관광산업 등의 활성화를 가져오며, 이는 결과적으로 관광산업의 전반에 긍정적인 영향을 미치게 된다.

또한, 관광이 가지고 있는 본질적인 문제점인 계절성을 극복하는 데 도움을 준다.

일반적인 관광상품과 달리 자연적인 상황과 직접적인 연관성이 떨어지는 국제회의의 유치는 계절성의 피해를 줄일 수 있는 중요한 대안상품이 된다.

국제회의 참가자들은 일반적으로 일반 관광객에 비하여 교육수준과 사회적 지위가 높은 참가자들로 구성되어 있기에 이러한 양질의 참가자들의 구성은 관광활동 측면에서 또한 관광상품의 기획과 서비스의 향상이라는 측면에서 긍정적인 면을 제공한다. 즉, 객실의 재설비나 교통수단의 고급화, 식당의 인테리어나 메뉴의 다양화와 고급화, 관광시설의 고급화와 같은 질적인 향상을 가져올 것이고, 서비스 측면에서도 보다 적극적인 교육과 훈련을 통해 양질의 서비스 제공이 이어질 수 있다.

그뿐 아니라, 국제회의의 성공적인 개최는 참가자들로 하여금 그 지역의 인식을 향상시키고, 보다 많은 관광객의 유입과 재방문을 창출하여 경제의 활성화에 직접적으로 도움을 줄 수 있다(윤세목, 2002: 101).

제2절
국제회의산업 육성정책

1. 국제회의산업 육성정책의 정의

어원적으로 볼 때 정책(policy)이라는 용어는 그리스어(Greek), 산스크리트어(Sandkrit)와 라틴(Latin)어로부터 왔다. 그리스와 산스크리트 어원 Polis(도시국가)와 Pur(도시)는 라틴어 Politia(국가)로, 그리고 후에 공공문제의 수행 또는 정부의 행정을 말하는 중세영어 Policie로 변하였다(나기산외 4인, 1990: 39).

정책이란 대부분의 사회구성원들과 관련 있는 문제들을 합법적으로 해결함으로써 생활의 질과 공익을 향상시키고자 하는 행정체계의 미래지향적인 활동방침 또는 활동목표로 정의될 수 있다(안해균, 1990: 23).

그리고 정책이란 미래를 예측하고 달성하고자 하는 목표를 설정한 다음, 하나의 일관된 계획에 의해 실행해 나가는 일련의 프로그램이라고 할 수 있다(Harold D. Lasswell & Kaplan, 1970: 71).

이와 같은 관점에서 보면 관광정책이란 관광행정체계가 관광에 관한 문제를 해결하기 위하여 행하는 일련의 행위라고 할 수 있다(박창수, 2003: 159).

Van Doom은 관광의 기능적·공간적 발전을 위한 보조적·조정적 역할을 수행하는 행위라고 말한다(W.M. Joseph and Van Doom,1982; 이광원, 1997: 47~48).

Sessa는 경제 분야와의 상호의존성이 크다는 관점에서 경제정책의 환경적 상황, 즉 경제정책의 측면에 의한 공공정책 개입의 필요성과 계획기능으로 관광정책을 설명하였고(Alberto Sessa, 1983), Edgell은 관광정책은 국가의 사회·경제체제에 의해 형성된 국가발전 목표에 일치되도록 형성되는 점을 중시하고, 관광부문의 발전이 국가발전 목표에 부합될 수 있도록 하는 일련의 노력을 관광정책이라는 견해를 보인다(David L. Edgell, 1987).

이장춘은 관광정책이 관광의 이념을 구현하는 수단이라는 관점을 전제하여 관광정책의 목표는 관광의 이념을 구현하는 방향에서 설정되어야 하기 때문에 경제적인 가치뿐만 아니라 관광정책의 목표와 범주를 관광의 경제적 측면 못지않게 중요한 비경제적·사회적·윤리적·가치적 측면도 포함되어야 한다고 강조하고, 관광정책을 관광이념을 구현하는 수단으로 정의하고 있다(이장춘, 1996: 16~38).

한편, 산업 정책은 단기적으로는 국민경제 자원배분의 효율성은 물론, 중장기적으로는 국민경제의 성장과 관련되는 정책으로서, 한 나라의 산업 전반을 보다 효율적인 방향으로 발전시키기 위하여 정부 혹은 기타 정부 관련기관이 행하는 정책인 것이다(김의근, 2000).

이와 같은 이론을 전제로 할 때 국제회의산업 육성정책의 정의에는 현재의 국제회의산업의 현황과 환경, 그리고 제기되고 있는 과제 또는 문제점을 보완하는 목적 지향적 행동과정인 정책의 개념(James E. Anderson, 1979)과 이를 계기로 국제회의산업과 관광산업이 지속적으로 발전하는 데 필요한 산업 정책으로서의 개념이 포함되어야 한다. 그리고 국제회의산업의 육성정책의 이념과 목표를 달성하기 위한 미래지

향적이고 가치지향적인 행동지침이라는 개념 또한 포함되어야 한다(박
창수, 2003: 159).

따라서 국제회의산업 육성정책이란 국제회의산업에 관련된 문제들을
합리적으로 해결하고, 국제회의산업의 발전을 통해 국민경제의 성장을
꾀하려는 정부행정체계의 행동방침이라 할 수 있다.

2. 국제회의산업 육성정책 결정과정

정책결정 과정이란 행정체계에 의하여 해결되어야 할 수많은 사회문
제가 정책의제로 형성·채택되고, 다시 특정의 정책으로 전환되어 집행
된 다음에 평가되기까지의 과정이다(송재호, 1996). 따라서 정책결정
과정은 순환과정 또는 연속적인 과정의 활동으로 나타낼 수 있다.

Dror는 정책결정 과정을 먼저 크게 기본방침 결정·정책결정·정책
결정 이후 등의 3단계로 구분하고, 이것을 다시 18개의 세부단계로 나
누어 설명하고 있다(Dror, 1969: 163~196).

한국의 정책론자들은 정책결정 과정을 주로 3단계, 4단계, 5단계로
나누어 설명하고 있다. 3단계의 정책결정 과정은 정책형성, 정책집행,
정책평가 또는 정책형성, 정책집행, 정책결과로 제시하고 있다(이대희,
1991: 129~130). 4단계의 과정은 정책형성, 정책결정, 정책집행, 정책
평가(안해균, 1990: 98) 또는 정책의 제설정, 정책결정, 정책집행, 정책
평가(정정길, 1990: 186~187) 등으로 제시되고 있다.

5단계의 과정은 사회문제·정책의 제설정, 정책결정, 정책집행, 정책
평가, 정책종결로 제시된다(David L. Edgell, 1990: 104~106).

Mill과 Morrison은 관광목적지의 문제점을 확인하는 단계, 정책목표
설정단계, 목표를 달성하고 관광목적지의 수요와 욕구를 충족시키기 위

한 종합적인 관광정책의 수립단계, 계획과 전략수립의 단계 등으로 제시하고 있다. 그리고 관광정책은 시장과 자원이라는 제약요소로 인하여 관광정책의 집행 후 발생하는 환류과정에 의해 변화될 수 있다고 지적한다(Robert Christie Mill & Alasair M. Morrison, 1985: 244～245).

이장춘은 관광정책개발의 입장에서 관광정책형성, 관광정책분석, 관광정책결정, 관광정책평가의 상관성을 고찰하고 있다(이장춘, 1996: 106～112). 관광정책형성은 관광정책 문제의 제기에서부터 관광정책결정까지의 단계를 의미하는 것이며, 관광정책분석은 관광정책 정보수집에서 관광정책목표달성을 위한 대안탐색 과정까지를 포함한다. 그리고 관광정책 결정과정은 목표설정에서부터 정책 집행결과의 분석과 효과측정 단계에 이르기까지의 모든 단계를 평가하는 개념이다. 여기에서 관광정책개발은 정책문제의 제기에서부터 새로운 정책개발에 이르는 전 과정을 포함하는 가장 넓은 개념이다.

이와 같은 관점에서 살펴볼 때, 국제회의산업 육성정책 결정과정이란 국제회의산업의 문제를 해결할 수 있는 정책목표를 형성하고 채택하여, 세부 정책으로 계획이 수립되고, 집행이 되어야 하며, 집행 후에는 정책의 결과에 대한 평가까지의 모든 과정을 일컫는 개념이라 할 수 있다.

3. 국제회의산업 육성정책 영향요인

정책을 결정하는 영향요인에 대한 연구는 시대와 학자에 따라 다양한 결과를 나타냈다. 재정학자들을 중심으로 연구가 이루어진 1950년～1960년대에는 사회경제적인 변수가 강조되었고, 이에 대응하여 정치·행정학자들은 1960년～1970년대의 연구를 통하여 사회경제적 변수에 정치적 변수를 추가하였으며, 이에 따라 사회경제적 요인과 정치적 요인의 상대적 중요성에 대한 논의가 1980년대까지 이어졌다 (노화준, 1984: 33~50).

그 전개과정을 보면, Dawson and Robinson은 Key 이래 정설로 인정되어 왔던 "정치현상이 정책을 결정한다"는 가설에 대한 검증을 통하여 경제변수가 정치변수보다 정책결정에 있어서 훨씬 더 중요하다는 결론에 도달하였다. 이러한 경제적 결정요인론 연구는 이후 많은 실증적 연구에 의한 확인과정을 거쳐 거의 결정적인 것으로 받아들여졌다. 그러나 정치학자들은 사회경제적 결정요인론 연구의 문제점을 비판하면서 정치적 요인의 독립성을 강조하기는 했으나, 그들의 연구는 결국 양자가 모두 중요하다는 결론에 도달한 것으로 평가되었다(김의근, 2000: 55).

즉, 정책결정요인에 대해서는 사회적·경제적 요인(Harold Wilensky, 1975: 39~49)과 정치적 요인(Seymour Sachs & Robert Harris, 1964)의 2가지 요인의 상대적 중요성에 대한 견해가 있다.

일반적으로 정책 환경, 즉 정치적·경제적·사회적 환경에 따라 정책내용도 달라진다는 관점에서 정책결정요인이 분석된다(노화준, 1997: 418).

국제회의산업은 기본적으로 공공재적인 성격을 가지고 있고, 국제회의의 본질에서 공익의 성격이 강하며, 이에 따른 관광현상 또한 국제회의 참가자와 관광산업 및 지역사회와의 상호작용의 결과이기에 정부는 국제회의산업 정책을 통해 편익과 비용 등의 부분을 관리, 규제하게 된다.

국제회의산업 육성정책의 영향요인 변수로서 Leiper는 물리적·사회적·경제적·기술적인 환경을 예시하고 있고(Neil Leiper, 1979), Van Doom은 여기에다 문화적 환경과 에너지환경을 추가하고 있다(W.M. Joseph and Van Doom, 1982). 그리고 안해균(안해균, 1990: pp.59~87.), 이종렬(이종렬, 1987: 242~246) 등의 국내 정치학자들도 정책결정요인으로 경제·사회·문화·자연 등의 사회경제적 변수를 추가하고 있다.

미래의 국제회의산업은 또한, 많은 기회요인과 변화하는 환경요인들에 의해 영향을 받게 될 것이다. 지속되는 세계화는 국제회의산업에 엄청난 기회를 제공하게 될 것이며, 국제회의 개최자는 각국의 문화적 배경에 대하여 더욱 관심을 기울이고 익숙해져야 한다. 다시 말해서, 각 나라의 인구와 노동단체, 사업단체들은 다양한 문화를 가지기 때문에 이들을 고객으로 여기는 입장에서 이에 대한 이해는 필수적이라 할 수 있다.

그리고 앞으로 기업들의 변화는 국제회의산업에 많은 영향을 줄 것인데, 그중 하나가 기업들의 규모감축이다. 규모감축과 낮은 기업의 예산은 개인이 비용을 부담하는 참가자를 증가시킬 것이며, 이에 대해서 국제회의산업의 새로운 변화와 대책이 요구된다.

또한, 최첨단 기술의 발달, 인터넷 활용 문화로 인해 국제회의 개최 빈도수는 낮아질 것이며, 회의 참석률도 저조해질 수 있다. 즉, 화상회의 같은 기술은 직접 만나서 하는 회의산업을 대체할 수 있으며, 국제회의산업을 퇴조시킬 수 있다는 것이다. 하지만 화상회의와 같은 기술은 회의의 빈도를 좌우할지는 모르지만, 직접 만나서 하는 국제회의산업의 존재 자체는 없애지 못할 것이다.

사회적인 환경 측면에서의 영향요인으로는 세대교체를 들 수 있다. 세대교체는 회의산업에 적지 않은 영향을 줄 것이다. 새로운 세대는 기존세대의 근무형태나 일하는 형식에 변화를 원하고, 이는 회의의 형식과 빈도에도 영향을 미친다. 새로운 세대들은 재택근무를 주로 하게 되며, 정기적으로 얼굴을 보고 회의를 하는 형태에 부담감을 느끼며, 인터넷을 통한, 이메일을 통한 의사소통을 원하게 된다. 결국 회의시간은 짧아지고 새로운 세대의 대화능력은 점차 떨어지게 되는 것이다. 이는 국제회의산업에 큰 영향을 미치게 된다.

마지막으로, 정치적인 영향요인을 살펴보면, 앞으로의 국제회의산업은 국가적인 지원이 국제회의산업의 발전에 큰 영향을 미치게 될 것이다. 국가적인 마케팅 캠페인, 국가적 자금 지원, 국제회의사업 업무지원, 세금 혜택 등의 지원은 국제적으로 경쟁하는 각 사업체들에게 적지 않은 영향을 미치게 될 것이며, 국가의 지원이 미래에 그 산업이 발전

할 수 있는지에 대한 더욱 중요한 요소로 자리잡게 될 것이다.

그 외, 국제회의 유치를 위한 중요한 영향요소로 개최지의 안전성이 더욱 부각될 것이다. 국제회의 주최자가 개최지를 결정하는 데 있어서 개최지의 안전성은 9.11테러 이후 갈수록 더 큰 영향을 미치게 된다.

국제회의산업 육성정책은 이와 같이 정치적 환경요인, 경제적·사회적 환경요인, 문화적·기술적 환경요인, 기타 사업적 환경요인 등의 영향을 받는다고 할 수 있다. 따라서 이러한 영향요인들의 분석을 통한 국제회의산업 육성정책방안 연구는 매우 중요하다고 볼 수 있다.

제3절
국제회의산업 육성정책 현황

1. 우리나라 국제회의산업 유치환경 분석

국제회의산업의 내부적·외부적 유치환경 분석은 국제회의산업 육성을 위한 정책마련에 기본적인 대안을 제공할 수 있을 것이다. 따라서 우리나라 국제회의산업의 내부적 강·약점과 외부적 기회·위협요인에 대한 분석을 통해 국제회의산업 육성정책 대안을 모색해 보고자 한다.

1) 국제회의산업과 관련된 우리나라의 내부적 강점

첫째, 국제사회에서의 위상강화를 꼽을 수 있다. '90년대에 들어서면서 정부는 적극적인 대외개방정책을 실시하기 시작하였고, OECD 가입을 계기로 이를 가속화하게 되었다. 특히 아태지역을 중심으로 한 APEC 창설에 주도적인 역할을 함으로써 국제사회에서의 위상을 강화하게 되었다(한국관광연구원, 1998: 9). 이러한 변화는 국제기구 가입의 증대, 국제기구에서의 위상강화 등으로 가시화되었고, 중앙정부의 이러한 노력과 더불어 지방정부의 국제 활동 또한 증가하는 추세이다.

둘째, 정부는 국제회의산업의 육성을 위해 지원체계를 마련하게 되었다. '96년에 『국제회의산업 육성에 관한 법률』이 제정되어 국제회의 유치 및 개최지원, 국제회의 전문 인력 양성, 국제회의시설 건립 시 관광진흥개발기금의 우선지원, 관련 인·허가의 생략 등 행정 간소화 및 '국제회의도시'를 지정하고 전담조직을 구성하는 등의 국제회의산업 발전의 제도적 기반을 마련하게 되었다.

또한, '97년에는 『사회간접자본시설에 대한 민간자본유치촉진법』이 개정되어 국제회의시설을 제2종 사회간접자본시설에 포함시켜 국제회의시설 건립 시 금융지원, 조세감면, 각종 부담금 면제, 재정지원, 기타 토지확보 지원 등의 제도적인 장치를 마련하게 되었다.

셋째, 2000년 ASEM, 2002년 월드컵과 같은 대형 국제행사의 유치로 국제회의 관련 산업이 발전되는 계기를 맞게 되었다. 즉, 교통망 확충에 있어서의 신공항 건설과 고속철도의 개통은 우리나라와 세계 각 국과의 접근성을 향상시켜 주고, 전국을 대상으로 한 지역 균형발전에도 큰 영향을 줄 것으로 보고 있다.

넷째, 과학기술처, 통상사업부, 정보통신부 등의 관련부처는 과학기술 주권을 확보하기 위해 연구개발 사업에 투자를 확대하고 있으며 현재, 국가적으로 특정연구 개발사업, 정보통신 개발사업, 대체에너지기술 개발사업 등 다양한 연구개발 사업을 추진하여 과학 한국으로서의 이미지를 높이는 데 많은 노력을 기울이고 있다. 이로써, 과학기술을 주제로 한 국제회의 유치실적의 꾸준한 증가를 가져오게 되었다(이장춘·박창수, 2003: 223).

다섯째, ‘96년부터 본격화된 지방자치시대로 인하여 전반적으로 재정 자립도가 취약한 지방자치단체는 국제회의산업을 포함한 관광산업을 지방재정의 증대 및 지방경제의 활성화를 위한 사업으로 육성시키려는 정책적 노력을 기울이기 시작하였다.

2) 국제회의산업과 관련된 우리나라의 내부적 약점

첫째, 남북한 관계로 인한 정치적인 불안정과 대외적 부정적인 이미지를 들 수 있다. 남북한의 관계는 통일이 되지 않는 한 해결되지 않는 문제라고 할 수 있으나, 최근 남북한 관계에 있어 관광산업의 협력으로 금강산 육로관광의 시작은 큰 의미가 있다.

둘째, 국가적인 경제위기는 국제회의시설의 건립과 국제회의산업 발전에 커다란 악영향을 미칠 수 있다. 국제회의시설은 막대한 대규모 투자를 필요로 하고 시설 자체의 수익률도 낮다. 따라서 경제위기는 국내 투자 위축을 가져올 수 있으며, 더 나아가서는 정부 및 민간부문의 구조조정으로 인해 대량실업 사태가 심화될 수 있다.

셋째, 국제회의와 전시회는 동반 개최되는 경우가 많은데, 실제로 이를 지원하는 정부기관이 분리되어 있어 정부의 지원을 받는 데 있어 절차상의 어려움을 겪고 있다.

넷째, 국제회의산업 및 관광관련 시설이 서울과 경기지역에 집중되어 있어, 지방의 국제회의도시 지정 육성을 위한 기본 전제조건이 갖추어 있지 않아 지방의 국제화 추진에 많은 어려움이 있다.

다섯째, 국제회의와 연계할 수 있는 다양한 관광상품이 부족하며, 체계적인 관광홍보와 선전이 미흡하며, 관련정부부처 간의 협조체제가 부족하다.

여섯째, 지방정부들로 하여금 지방의 국제화와 지역경제 발전을 동시에 충족시킬 수 있는 호재로써 국제회의시설 건설 붐을 이루게 하여 지방정부 간 대규모 국제회의시설의 무분별한 건립경쟁으로 이어지고 있다. 이러한 현상은 지역의 개발 가능성과 장래 수요를 무시한 무계획적인 사업추진으로 시설의 과대 공급과 대규모 투자재원의 낭비로 이어질 가능성이 높은 것으로 우려되고 있다(한국관광연구원, 1998: 11).

3) 국제회의산업과 관련된 우리나라의 외부적 기회요인

첫째, 국가·지역·조직 간의 국제교류가 증가하고 있으며, 지속되는 세계화로 최신정보의 지속적인 정보공유가 필요하게 되었다는 점이다. 세계평화와 더불어 인권보호, 환경보전과 같은 국제적인 문제 해결을 위해 국제기구의 활동이 두드러지면서 국제기구의 증가는 국제회의산업 시장을 성장시키고 있다.

둘째, 전세계의 아시아에 대한 관심, 즉, 아시아의 웰빙 음식과 한류 영화나 드라마에 대한 관심은 한류열풍을 접목시킨 우리나라의 다양한 관광상품 개발을 통해 국제회의 시장에서의 시장점유율을 증가시킬 수 있는 기회요인이 된다.

셋째, 교통의 발달은 국가 간의 왕래를 더욱 빠르고 편리하게 하였으며, 이는 국제회의산업의 발달을 촉진하는 계기가 되었다.

4) 국제회의산업과 관련된 우리나라의 외부적 위협요인

첫째, 통신기술의 발달로 화상회의와 같은 대체시장이 출현하였으며 이로 인해 국가 간, 지역 간의 이동을 전제로 하는 국제회의 시장이 축소되거나 퇴조할 우려가 있다.

둘째, 전세계적으로 기업들의 규모감축과 기업예산 감축으로 국제회의에 참석하는 참석자 수가 감소할 수 있으며, 개인비용에서 회의참석 비용을 부담해야 하는 정도가 증가할 것이다.

셋째, 아시아 주변국들의 국가적인 마케팅 캠페인과 자금 지원, 세금 혜택 등의 국제회의 육성정책으로 인한 경쟁력 강화는 우리나라의 국제회의 시장 진출의 큰 위협요인이 될 수 있다.

넷째, 새로운 세대들은 컴퓨터와 더 많은 시간을 보내게 됨에 따라 직접적인 만남을 통해 이루어지는 대화를 꺼릴 수 있으며, 최근 집에서 일하는 사람이 늘어나는 일 형태의 변화로 짧은 시간 안에 회의가 끝나길 바라는 회의시간과 빈도의 감소, 형식의 변화를 초래할 수 있다.

2. 우리나라 국제회의산업 육성정책

국제회의산업 육성을 위한 정책적 방안을 탐색하기 위해서 현재 추진되고 있는 우리나라의 국제회의산업 육성정책을 살펴보면 아래와 같다.

1) 우리나라의 국제회의산업 중장기 정책목표

2008년까지 연간 200회의 국제회의 개최를 추진하고 있다(<표 2-3>참조).
국제회의 200건 개최 시 경제적 효과를 보면, 총 생산효과는 6,434억 원(직접 4,801억 원/간접 1,633억 원), 총 소득효과는 1,200억 원, 총 고용효과 8,162명을 예상하고 있다(문광부, 2004).

〈표 2-3〉 우리나라 국제회의 개최 중장기 목표

(단위: 건)

구 분	2005년	2006년	2007년	2008년	2009년	2010년
국제기구회의	145	150	155	160	160	160
일반국제회의	15	20	30	40	50	60

자료: 문광부, 국제회의산업 육성 기본계획, 2004.
 * '국제회의산업 육성에 관한 법률' 기준에 의함.

2) 전시컨벤션센터 설립현황과 지원규모

전시컨벤션센터 설립현황과 지원규모를 보면, <표 2-4>와 같다.

<표 2-4> 전시컨벤션센터 현황과 문화관광부 지원규모

완공 연도	시설명	규 모		문화관광부 지원사항
		대회의장	전시장	
2000 (5.16)	COEX(서울)	7,000석	36,027㎡	○관광진흥개발기금 231억 융자('99) ○2002.3.15 시설업 등록
2001 (9.13)	부산컨벤션센터 (BEXCO)	2,800석	26,325㎡	○국고 10억('99) 지원 ○기금 195억 융자('98-'00) ○산자부 500억 지원 ○2001.4.26 시설업 등록
2001 (4.19)	대구전시컨벤션센터 (EXCO-Daegu)	4,200석	12,000㎡	○산자부 750억 지원 ○2001.3.30 시설업 등록
2003 (3.22)	제주국제컨벤션센터 (ICC Jeju)	4,300석	2,586㎡	○국고 420억 지원 (교부세 30억 별도) -10억('00), 150억('01), 180억 ('02), 80억('03)
2005 (9월)	광주전시컨벤션센터 (GEXCO)	2,000석	38,430㎡	○산자부 2002년~2005년까지 234억 원 지원예정
2005 (4.29)	고양 한국국제전시장 (KINTEX)	2,000석	53,541㎡ (1단계)	○산자부 650억 원 지원 예정 ○2013년까지 3단계 분리추진 부지 면적: 총 333,580㎡ 건물연면적: 총 274,381㎡ 전시 면적: 총 178,513㎡

자료: '문광부,국제회의산업 육성 기본계획, 2004.' 참조하여 논자 재구성.

이 외에도 창원·대전·수원·인천·광명 등에서도 컨벤션센터가 건립 추진 중이거나 지자체에서 자체 건립계획을 검토 중에 있다.

3) 국제회의산업 육성과 관련한 법·제도적인 구축 기반

국제회의산업 육성에 관한 법률을 2003. 8월에 개정하였으며, 「국제회의산업 육성에 관한 법률」시행령과 시행규칙을 2004. 2월에 개정하였다. 또한, 국제회의산업 육성위원회를 2004. 6월에 구성하였는데, 위원장인 문화관광부 차관을 포함한 13인의 각계 전문가로 구성되었으며, 2004년 9월 21일에 제1회 국제회의산업 육성위원회 회의를 개최하였다. 그 외, 2004. 6월, 국제회의산업자문단을 구성하여 국제회의도시 지정 및 국제회의 전담조직 지정방안을 검토하고 있다(문광부, 2004).

그리고 국제회의 전담조직(Conventions & Visitors Bureau: CVB)을 설립하여 국제회의 관련 사업을 지원하고 있다. 한국관광공사 코리아컨벤션뷰로, 지자체별 국제회의 전담기구(CVB)를 서울·부산·대구에 설립하였고, 제주 컨벤션뷰로는 설립 추진 중에 있다.

서울컨벤션뷰로는 2005년 2월 28일 출범식을 갖고 서울의 국제회의 산업 및 지역경제 활성화와 국제 상호 이해 증진을 위해 컨벤션 관련 기관·단체 및 업체가 참여하여 설립되었다. 서울컨벤션뷰로는 사무국장 아래 기획 총괄 팀과 컨벤션 마케팅 팀으로 조직되어 있으며, 컨벤션 산업 활성화와 컨벤션 인프라 구축, 국내외 네트워크 구성을 목표로 업무를 추진하고 있다.

부산컨벤션뷰로는 2004년 10월 27일 사단법인 부산컨벤션뷰로 법인 설립을 위한 창립총회를 개최하고, 컨벤션뷰로 팀장을 포함한 6명의 인력으로 조직되었다. 부산컨벤션뷰로의 예산 및 재원조달은 크게 정부기관과 관련업체의 출연금, 회원사의 회비, 자체 수익사업, 부산시의 보조금 등으로 구성되며, 부산시에서 66% 정도를 부담하고, 그 외 관광관련업체가 10%, 회원사 회비, 기타 수익사업 등에서 재원을 충당한다.

부산컨벤션뷰로의 주요 업무는 크게 국제회의 유치지원사업과 국제회의 개최지원사업으로 나누어지는데 국제회의 유치지원사업으로는 국제회의 유치절차 안내 및 자문, 부산관광 및 국제회의 관련 홍보책자나 기념품과 같은 홍보물 제공, 공동 유치활동, 국제회의 관계자의 사전답사를 위한 부산 방문 시 지원, 국제회의 관련 정보서비스를 제공하는 것이며, 국제회의 개최지원사업으로는 국제회의의 개최절차 안내 및 자문, 회의장 수배·신청, 국제회의 관련업자·단체 소개, 후원·환영행사·시장초청장 발송, 부산 관광·국제회의 관련 홍보물 제공 등의 업무를 수행한다.

대구컨벤션뷰로는 2003년 1월 22일 창립총회를 개최, 출범하여, 다음과 같은 역할과 업무를 수행하고 있다. 국내외 협회, 학회, 기업 등이 주최하는 각종 회의 및 행사를 발굴하여 대구에 유치하는 활동과 대구에서 개최되는 협회 및 학회, 기업의 국제회의, 세미나, 전시회와 관련된 숙박, 교통, 등록, 기타 국제회의 서비스 등이 원활하게 이루어지도록 조정하는 업무, 컨벤션·세미나·전시회 유치를 직접 지원하고 또 성공적인 유치를 위하여 관련기관단체를 섭외 또는 중재하는 업무, 국제회의 관련 업무를 조정하고 또 지역 국제회의산업 활동을 촉진하여 국제회의 개최지로서의 도시 이미지를 제고하는 업무, 도시 방문객 수를 증대하기 위해 언론기관과 기자들을 대상으로 각종 보도 및 홍보자료를 제작 배포하고, 국제회의 관련 정책자문과 시장조사를 담당하며, 지역 국제회의산업의 발전을 위해 전문정보를 제공하는 업무를 수행하고 있다. 이 외에도, 대구컨벤션뷰로는 지역 내에서 국제회의를 개최하고자 하는 개최자 및 국제회의 기획업자에게 국제회의, 인센티브 관광을 위한 지역의 시설 및 서비스에 관한 포괄적이고 객관적인 정보를 제공하고, 주최자의 개최지 사전답사를 위한 방문지원 서비스를 제공한다. 또한, 대구에서 개최되는 국제회의가 성공적으로 개최되도록 지역의 국제회의 관련자에 대한 자문과 개최지원 및 조정역할을 수행하며 국제회의 참가자 증대를 위한 홍보 및 광고활동을 지원하고 대구시의 국제회의 관련 정보를 제공하고 있다.

또한, 문화관광부 산하단체로 국제회의산업의 발전 도모를 위하여 민·관 협력체로써 한국컨벤션·이벤트산업 협회가 설립되었다. 주 업무로는 관련업계와의 교류와 국제회의산업 육성을 위한 업무개발 활동,

국제회의 유치 개최를 위한 지원체계 운영, 전문 인력의 양성, 국제협력 촉진 활동, 국제회의시설 운영을 위한 환경 개선 활동을 하고 있다.

산업자원부와 대한무역진흥공사에서는 주로 무역진흥이나 수출입과 관련된 전시 등의 업무를 주관·지원하고 있으며, 한국무역협회에서는 해외시장개척을 위한 해외시장개척단 참가, 해외 홍보 등에 대하여 해외시장개척기금을 저리로 융자해주고 있다(한국관광연구원, 1998: 52).

각종 공공단체 및 기관에서도 그 기관들과 관련한 국제회의 유치 및 개최에 대하여 지원금을 자체규정 또는 관련법에 근거하여 제공하고 있다(<표 2-5>참조).

<표 2-5> 국제회의 유치 및 개최단체에 대한 공공기관의 지원

기 관	재원의 출처	지원 기준
한국관광공사	공사예산 및 개발기금	국제회의 유치, 개최지원요령
한국학술진흥재단	재단 예산	학술 진흥법
국제교류재단	내부 기금	내부시행지침
한국과학기술단체 총연합회	정부 예산	내부시행지침
한국과학재단	기초과학 지원기금	내부 규정
정보통신정책연구원	정보화촉진기금	전기통신기본법

자료: 각 기관별 자료참조, 2004.

또한, 문화관광부는 국제회의도시 지정 및 지원을 위한 방안의 일환으로, 국제회의도시 지정요건을 확정하고 신청 접수 및 심사를 실시하여 2005년 하반기에 국제회의도시를 지정할 예정이다. 국제회의산업 육성을 위한 제도적 지원 방안으로는, 국제회의산업에 대한 세제 및 부담금 감면을 추진하고 있다. 회의시설 건립에 대한 정부차원의 지원으로 관광진흥개발기금을 연리 3.31%로 융자를 지원해 주고 있으며, 대외무역법 시행령에 의하여 국제회의시설 건립에 대한 조세감면 등을 관계부처에서 검토 중이다. 그리고 국제기구 본부 국내유치 및 국제기구 본부 등에 직원 파견을 추진하고 있으며, 국제회의 전문시설의 확충을 위해 <표 2-4>와 같이 컨벤션센터 건립을 위한 지원, 국제회의산업의 파급효과 및 컨벤션센터 수급분석에 대한 조사연구를 수행하고 있다.

4) 국제회의 국내 유치·개최지원실적

한국관광공사에서 실시하고 있는 국제회의 유치 및 개최지원 내용을 살펴보면 다음과 같다.

첫째, 국제회의를 유치 희망하는 단체에 대해서는, 유치예정 단체대상 유치절차 자문, 국제기구 인사의 사전답사 방한 지원, 유치제안서 작성 및 환영서신 제공, 해외 프레젠테이션 지원, 개최예정 국제회의 운영 자문, 해외 홍보, 회의홍보물 제작 지원, 한국관광 홍보물 제공 등의 지원활동을 하고 있다.

둘째, 개최가 확정된 주관단체에 대해서는, 국제회의 개최관련 정보제공 및 자문, 참가안내서 인쇄·관광프로그램 운영·기념품 제작을 위한 보조금 지원, 영상물 대여 및 제공, 관광안내 데스크 운영지원 및 전시대 대여, 공사 해외 지사망을 통한 홍보 등의 지원활동을 하고 있다.

셋째, 자료 수집 및 정보제공에 대한 지원활동으로, 국제행사 개최계획 및 실적 조사, 국제회의 유치의향 조사, 국제회의 캘린더 제작, 한국 국제회의산업 현황·국제회의시설 가이드 등 국제회의산업에 관한 각종 간행물 발간, 인터넷 포털 사이트를 통한 국제회의 정보제공 등의 지원을 하고 있다.

5) 국제회의산업 전문 인력 양성을 위한 제도

한국관광공사는 2003년 컨벤션 기획사 자격제도를 도입하여 2003년 120명, 2004년에 48명의 국제회의 기획사 합격자를 배출하였고, 국내외 국제회의 전문교육기관과 연계한 교육프로그램을 개발, 지원하였다. 즉, 국제회의 분야에 종사하는 고위 관리자들에게 최신 정보와 지식을 소개하고 국제적 협력 및 교류의 기회를 제공하기 위해 '국제회의·전시·이벤트 고위 관리자 아카데미' 교육과정(5월 22일~7월 31일)을 개설(연세대학교 및 홍콩 폴리테크닉대학)하여 전문 인력 양성을 위한 지원 활동을 하고 있다.

이 외에도, 국제회의업계 종사자 재교육 프로그램을 연 2회, 150명에게 실시하고 있다. 그리고 국제회의 유치 또는 개최 업무를 담당하고 있는 실무자들과 국제회의 관련 전공학생 또는 국제회의에 관심이 있는 일반인들에게 국제회의 실무 온라인 교육프로그램을 개설(2004. 9. 13~11. 8, 한국디지털대학교), 위탁 실시하고 있다.

또한, 해외 전문기관(홍콩 폴리테크닉, UNLV)과 공동교육프로그램을 개발하기 위해 노력하고 있으며, 관광공사·대학 및 전문대학원에 교육과정 신설을 유도하고 있다.

6) 국제회의산업 홍보 마케팅 강화 정책

한국관광공사는 국제회의 DB를 구축(www.koreaconvention.org)하여 국제회의 정보제공 및 수집, 유관기관 및 대국민 인식 제고를 위해 노력하고 있으며, 해외 주요 전시박람회에 참가, 공동광고 지원활동을 하고 있다.

그 외, 2005년 국제회의산업 육성을 위한 운영 예산(안)으로 33억 원을 책정하고 있다(문광부, 2004).

① 국제회의 유치·개최지원: 6억 원

② 홍보 및 마케팅: 12억 원

③ 국제회의육성위원회 및 전담기구 운영: 4억 원

④ 전문 인력 양성: 6억 원

⑤ 국제회의도시 육성: 5억 원

3. 해외 주요국가 국제회의산업 육성정책

1) 일 본

일본은 1994년 '국제회의 유치촉진 및 개최 원활화에 의한 국제관광진흥에 관한 법률'(약칭 국제회의법)을 제정하여 운수성과 국제관광진흥회(JNTO)를 중심으로 국제회의 진흥활동 및 지원업무를 보다 적극적으로 전개해 나가고 있다.

일본은 국제회의법에 근거하여 국제회의 유치 및 수용태세에 적극적인 도시를 국제회의관광도시로 지정해서 국제회의와 인센티브 여행의 유치에 만전을 기하고 있다. 국제회의도시는 교통, 숙박, 국제회의시설, 관광시설, 레저상품 등 하드웨어의 수용태세뿐만 아니라 국제회의 전담조직으로서 도시를 대표하는 기능을 가진 비영리 조직의 컨벤션뷰로가 조직되어 있어 성공적인 국제회의의 진행을 도와주고 있다. 일본의 국제회의도시는 49개가 있으며, 47개의 컨벤션뷰로를 갖추고 있다.

일본의 국제회의도시 지정조건을 보면, 200인 이상의 수용규모의 동시통역 시설을 갖춘 회의실이 있어야 하며, 중소규모 회의실, 사무실, 응접실 외에 숙박시설에 있어서는 200명 이상을 수용할 수 있는 숙박시설, 보유 객실 수 1/3 이상이 외국인관광객 숙박에 적합한 넓이와 시설이어야 하며, 참가자의 수요를 충족할 수 있는 규모의 주차장시설, 식당시설, 안내시설이 있어야 한다. 또한, 국제회의 추진기관에 있어서는 국제회의 유치에 관한 정보수집과 홍보, 유치활동, 국제회의 주최자에 대한 지원활동체제가 정비되어 있어야 하며, 관광자원에 대한 조건으로는 해당 시, 군, 읍의 지역 또는 그 인접지역에 국제회의에 참가하는 외국인관광객의 관광매력을 증진시키는 관광자원이 있어야 한다.

국제회의도시에 대한 지원으로는 국제회의 유치를 위한 정보를 제공하고, 팸플릿, 홍보 비디오를 제작하여 도시를 홍보해 주고, 해외 인적 네트워크를 통한 홍보활동 등을 지원해 주고 있다. 또한, 국제회의 개최 시 국제회의 주최자를 대상으로 기부금 모금 요청을 접수받아 법인, 개인으로부터 기부금을 모집하여 교부금으로 교부하는 기부금 모금·교부금 교부제도를 실시하고 있다. 이 외에도 회의관련 통역, 여행업자 등을 알선·지원해 주고 있다.

일본의 국제회의도시 중의 하나인 고베시는 국제회의도시 육성에 사활을 건 고베시의 개발사업인 '인공 섬 포트아일랜드' 건설을 위하여 1967년부터 15년이란 건립기간이 소요되었으며, 5,300억 엔이 투자되었다. 고베시는 인공 섬 위에 컨테이너터미널, 항만시설, 본토와 연결된 고베대교, 무인교통 시스템을 갖추고 있으며, 12,000명을 수용할 수 있는 40여 개의 호텔과 고베 국제회의장, 국제전시장, 월드기념홀, 포트피아홀의 국제회의시설을 보유하고 있다. 고베시는 아름다운 바다와 산, 일본에서 가장 오래된 온천 등의 자연환경을 잘 이용하여 관광과 여가를 즐기기에 충분하도록 관광, 문화자원 개발에 힘쓰고 있다. 고베 컨벤션뷰로의 지원과 서비스를 보면, 국제회의시설에 대한 정보제공과 상담, 홍보활동, 환영행사 지원 외에도 국제회의 준비자금으로 300만 엔까지 금리 없이 대부금을 제공하고 있다. 또한, 고베시는 국제회의주최자에게 회의 개최 보조금을 최고 500만 엔까지 지급하는 'MEET IN KOBE 21 Century' 프로젝트를 실시하고 있다. 그리고 국제회의 참가자들에게 시내 14개 호텔숙박 요금을 10~40%까지 할인해 주고, 간사이공항에서 고베시를 연결하는 쾌속선 및 유람선 이용료, 시내백화점에서의 쇼핑료 등에 대한 할인 서비스도 시행하고 있다.

일본의 가장 성공적인 국제회의도시 중의 하나인 요코하마 국제회의도시는 회의센터, 전시홀, 국립 컨벤션홀 등의 대규모 시설을 갖추고 있으며, 일본의 수도 도쿄와 30분 정도의 가까운 거리로 접근의 용이성과 교통이 편리하다는 이점을 두루 갖추고 있다. 요코하마 국제회의도시의 관광문화자원으로는 고대 일본수도로 사찰이 유명한 카마쿠라와 온천과 자연경관이 아름다운 하코네, 후지산 등이 있으며 라면박물관, 인형박물관, 일본의 복식사를 다룬 실크박물관 등이 있다. 그리고 요코하마 컨벤션뷰로는 무보증, 무이자로 국제회의 총예산의 최대 20%, 300만 엔까지 회의비를 지원해 주고 있으며, 요코하마 국제회의도시의 차별적인 전략으로는 홈스테이 자원봉사 시스템, 컨벤션패스 판매, 자원봉사 시스템을 들 수 있다. 홈스테이 자원봉사 시스템은 참석자에게 경비를 줄이고, 일본 문화를 직접 접할 수 있는 좋은 기회를 부여하고 있으며, 요코하마 컨벤션패스는 참가자들이 적은 비용으로 공공 운송수단을 이용할 수 있도록 하고 있다. 또한, 자원봉사 시스템은 5천 명 이상의 자원봉사자가 회원으로 가입하여 일본 문화를 소개한다거나 통역하는 일 등을 지원해 주고 있다.

이와 같이 일본의 국제회의도시는 국제회의산업 육성을 위한 제도적인 지원과 시스템 아래 다양한 활동과 전략을 내세워 국제회의 개최지로 선정되기 위한 노력을 꾸준히 해나가고 있다. 그리고 정부는 국제회의법을 통해 지방 주요도시를 국제회의도시로 지정하고 지원하여 국제회의 개최지로 육성시키려하고 있으며, 이를 통해 지방 분산화 정책을 실현하고 있다.

일본은 또한, JCCB(Japan Congress & Convention Bureau)를 1995년에 설립하여 해외 및 국내 국제회의 유치활동, 홍보활동, 국제회의 개최지원, 국제회의 관련 정보수집과 제공, 국제회의 전문 인력 육성, 국제회의 진흥시책을 수립하는 등 국제회의 진흥사업을 추진하고 있다.

<표 2-6> JCCB 주요사업 및 운영내용

항 목	주요 내용
주요사업	○국제회의 유치 및 지원활동 전개 ○국제회의 개최의향 조사, 유치정보 등의 정보수집 및 제공 ○해외유치설명회, 광고 등 홍보활동 ○국제회의 연수회 운영 등을 통한 전문 인력 육성 ○회의 개최운영 자문 및 자금 지원 ○출판물 제작 및 국제회의 전문 전시회 개최 등.
재원 조달	회비, 부담금 및 국제회의관광도시 찬조금, 기부금.
사무국 운영	JNTO 내 전문 사무국 운영 운영인원: 4명

자료: 임형택, (2002).

그리고 JNTO는 도쿄 및 일본 내 49개 국제회의도시에서 개최되는 회의에 참가할 외래 관광객의 유치를 촉진할 목적으로 저렴한 가격의 국제회의 관광패키지상품을 개발하여 미국·유럽·호주지역을 대상으로 홍보활동을 해나가고 있다.

2) 싱가포르

싱가포르 관광청(STB, Singapore Tourism Board)은 업계와 공동으로 대대적인 국제회의 유치 캠페인을 전개하고 있으며, 국제회의 유관시설을 건립 시 세제 혜택을 주고 있다. 즉, 민간자본의 투자를 촉진하기 위하여 2천만 달러 이상 소요되는 국제회의시설 건립 시 건축 관련 세금 및 재산세를 감면해 주고 있다.

또한, STB는 해외무역 전시회 참가나 디자인메이커 초청사업을 벌이는 등 국제회의산업에 열성을 보이고 있다.

국제회의 전담부서(SECB, Singapore Exhibition & Convention Bureau)를 STB 내에 설치하여 국제회의 홍보 및 유치활동을 전개하고 있다.

SECB의 주요업무는 MICE의 중심지로서 싱가포르를 적극 부각시키고, 국제회의 유치증대, 국제회의 관련 시설 설치 지원, 국제회의 관련업계의 조정과 지원 등이다.

또한, 싱가포르는 1995년 싱가포르 국제회의센터를 건립하고, 회의 전문시설 건립에 많은 투자를 하고 있다.

3) 홍 콩

홍콩관광진흥청(HKTB, Hong Kong Tourism Board)에서는 홍콩에서 개최되는 국제회의에 대해서는 행사 컨설팅과 행사진행 지원 등 다양한 활동을 실시하고 있다. HKTB 국제회의 유치 및 개최지원 서비스로는 프레젠테이션에 필요한 물품준비, 국제회의·전시회 시설 및 서비스에 대한 정보제공, 각 관련협회와의 협조, 행사개최 결정권자 행사장 사전답사 협조, 안내책자나 시설 가이드북과 같은 인쇄물 및 영상홍보물 제공의 업무를 수행한다.

또한, HKTA(Hong Kong Tourist Association) 내 독립적인 본부단위의 HKCITB(Hong Kong Convention & Incentive Travel Bureau)를 설립하여 국제회의 유치 및 개최지원 업무, 홍보활동, 국제회의 홍보물 제작 및 배포 업무를 시행하며, 국제회의에 관한 자문 및 국제회의 진흥활동을 전담하도록 하고 있다.

4) 미주, 유럽지역

미국은 전국 300여 개 주요도시에 CVB(Convention & Visitors Bureau)를 설치·운영하고 있고, 유럽도 주요도시에 민간업체와 공동으로 해당도시 컨벤션뷰로를 운영하고 있으며, 각 나라의 NTO는 주로 국가 이미지 향상을 위한 활동과 해외 홍보활동에 주력하고 있다(임형택, 2002).

유럽과 미주 지역의 주요도시에는 대규모의 컨벤션센터와 전시장이 건립되어 있으며, 국제회의 유치는 국제회의 전문기획업체 또는 회의기획가 등 업계에서 국제회의 주최단체와 공동으로 주도하고 개최도시 컨벤션뷰로는 개최지로서의 공동후원 및 지원활동에 주력하고 있다.

미국은 시에서 건설·운영하는 국제회의시설에 주정부 차원의 재정지원 및 세제혜택이 부여되고 있으며, 호텔·식당·공항 등 국제회의 관련업체에게 특별세를 징수해 컨벤션센터 등에 지원하고 있다. 프랑스에서도 각 지방의 국제회의장과 기반시설 건립 시에 정부와 지자체에서 재원지원을 하고 있다.

미국은 MICE와 관련되는 각종 협회가 구성되어 있는데 이들 민간단체들이 직접적으로 전문가를 양성하고 자격에 대한 인증을 하고 있다. 예를 들어 컨벤션 자격증 협회(CLC, Convention Liaison Council)에서 컨벤션전문가 자격증(CMP, Certified Meeting Professionals)을 발급하고 있으며, 국제 민간 전시협회(IAEM)에서는 전시기획사(CEM) 자격제도를 운영하고 있다. 컨벤션전문가(CMP)는 회의관리자 경험 3년 이상이며 현재 회의관리자로 근무 중인 자격요건을 갖추어야 시험을 볼 수 있으며, 시험과목은 재무관리, 컨벤션시설 서비스, 기획 프로그램 등이며, 계속 회의산업에 종사하거나 2년 동안 전문교육 포인트를 100점 이상 획득하는 조건 아래 5년마다 자격증을 갱신하도록 하고 있다. 컨벤션관리자(CMM)는 학교교육과 컨벤션 전문교육 회의관리경험, 언어능력 기타 공헌사항 등의 점수 85점 이상인 자이거나 CMP 소지자에 한하여 시험을 볼 수 있으며, 전시기획사(CEM)는 3년간 박람회 관련분야의 경험이 있는 자로 전문교육 포인트를 최소 250점 이상 획득한 자만이 시험 볼 수 있다. 또한 전시기획사(CEM)는 박람회산업에서 지속적으로 교육받은 자, 교육점수의 0.6을 지속적으로 받은 자, 자격검정 100점 이상 받은 자에 한하여 3년마다 자격을 갱신할 수 있는 자격을 부여하고 있다.

이와 같이 미국의 자격제도는 엄격한 자격증 취득요건 및 까다로운 갱신제로 지속적인 재교육을 통해 그 권위를 인정받고 있다.

영국은 버밍햄 국제컨벤션센터의 총 건설비 1억 8천만 파운드(3천2백50억 원) 중 버밍햄시가 1억 3천만 파운드를 투자하여 20년간 매년 운영수익으로 투자비를 회수하고 있다. 나머지 3천만 파운드는 유럽연합 본부에서 무상으로 지원했다.

독일은 GCB(German Convention Bureau)라는 비영리 기구의 운영을 통하여 전세계에 걸친 회의기획가와 회의 개최자들에게 실질적인 지원과 조언을 무료로 제공해 주고 있다. 프랑크푸르트(Frankfurt)에 본부를 둔 GCB는 컨벤션 주최자와 해당지역의 국제회의 관련업체를 연결하는 중간자적 업무를 수행한다. 또한, 뉴욕(New York)지사가 있어 미국과 캐나다의 고객을 직접 세일즈하고, 마케팅활동을 수행하고 있다.

독일, 영국, 프랑스와 같은 유럽은 지방자치제가 정착되어 있어 국제회의산업에 대한 경험과 노하우를 바탕으로 조직적인 협력 체제를 갖추고 있다. 안정된 지방자치제와 민간기업을 중심으로 한 풍부한 국제회의의 유치·개최경험, 재정력을 보유하고 있으며, 국제회의 전담기구의 조직구성에 있어서도 업무가 전문화·세분화되어 있고 풍부한 인력을 보유하고 있다.

아래 <표 2-8>은 해외 주요국가들의 국제회의산업 진흥 전담기구의 현황을 나타낸 것이다.

<표 2-7> 해외 국제회의 전담기구 현황

지 역	국 가	명 칭	비 고
아시아주	일 본	o 국제관광진흥회(JNTO) 산하에 JCCB(Japan Congress & Convention Bureau) o 국제회의도시별 Convention Bureau	o 도쿄에 중앙본부를 두고, 국제 마케팅부와 판촉 지원부를 운영. o 뉴욕과 런던에 JCCB 해외 마케팅 지사가 있으며, 요코하마, 오키나와 등 60여 개가 넘는 CVB가 있음. o 도쿄 CVB 재원조달: 국고보조 64%, 회비 30%, 자체 수익사업 6%.
	싱가포르	SECB (Singapore Exhibition & Convention Bureau)	o STB(Singapore Tourism Board) 내의 국제회의 전담부서로 정부의 출연금 및 관광진흥금으로 재원조달. o 국내외 국제회의시설 설치지원, 국제회의 홍보 및 유치활동을 전개
	홍 콩	HKCITB (Hong Kong Convention & Incentive Travel Bureau)	o 본사와 시카고, 런던, 시드니, 서울 등 총 19개의 해외 선전사무소(Convention & Incentive Travel Bureau: CITB)가 있으며, 홍콩본사의 인력은 17명. o 재원: 정부의 재정지원, 회원사 회비, 공공기금, 주 또는 시의 지원금, 광고 및 출판물의 판매를 통한 재원 마련.
미주	미 국	전국 300여 개 도시에 CVB (Convention & Visitor Bureau)를 설치·운영	o 재원: 대부분을 숙박세로 충당할 수 있도록 합법화하고 있으며, 숙박업체, 교통수송업체, 여행사 등 국제회의 관련업체의 회비 및 광고수입
구주	프랑스	OTCP (Office du Tourisme et des Congress de Paris) 등.	o OTCP 재원: 파리시와 파리상공회의소에서 총 예산의 60% 부담. 나머지는 회원사 회비 등 기타 자체 수입. o OTCP 조직: 7개 부서, 60명으로 구성.
	독 일	GCB (German Convention Bureau)	o 독일관광협회, 호텔, 운송업체, 독일국영철도, PCO들로부터 재정지원.
	영 국	London Convention Bureau등	o 지자체 및 민간이 공동으로 설립 o NTO 내 전담부서는 주로 해외 홍보활동 전개

자료: 논자 구성.

제4절 국제회의산업 육성정책 선행 연구

국제회의산업에 관한 연구를 살펴보면,

1985년 Cesario와 Mauser에 의한 국제회의 참석 결정인자 측정과 수요에 관한 연구(Turgut Var, Frank Cesario and Gary Mauser, 1985: 194~204)가 최초로 이루어졌다. 그 후, 국제회의 참석에 영향을 미치는 변수에 대한 연구와 국제회의 개최지의 이미지에 대한 연구 등 국제회의와 관련된 변수에 대한 연구가 90년대를 전후하여 진행되기 시작하였다.

외국의 연구사례 중 Voso는 국제회의 기획가가 개최지로 고려할 수 있는 기본조건을 국제회의 전용시설, 다양한 규모의 회의실, 객실의 수용능력, 국제회의 본부로 사용할 수 있는 수준의 호텔, 국제회의 전용시설과 숙박시설과의 접근성, 각종 이벤트를 개최할 수 있는 입지조건, 이벤트·교통·여행·시청각시설·인쇄 및 복사·쇼 연출 등 다양한 서비스의 가용성, 국제회의 기간 동안 관련 전문 인력의 가용성 및 항공교통에 의한 접근성 등으로 제시하고 있다(Michele Voso, 1998: 8).

국제회의산업 육성정책에 관한 연구는 각 지역별로 국제회의산업에 대한 유치 움직임이 두드러지면서 지역특성에 맞는 전략을 모색하는 과정에서 활발한 연구가 이루어졌다.

이장춘은 국제회의산업 육성정책방안으로, 국제회의 복합시설지구(convention area)의 개념도입과 국제회의도시의 지정기준에 대한 관련 법률의 정비, 국제회의 전담기구 마련, 정부·지자체의 재정지원제도와 민간부문에 대한 조세감면과 금융지원 등에 관한 관련법규의 정비와 보완, 국제회의 전문통역사 자격제도의 신설, 국제회의 관련 행정체계의 확충, 국제회의 상품과 예산·홍보·인력수급 등의 기획기능의 강화, 국제회의 홍보와 판촉활동을 수행할 국제회의 홍보·판촉부의 설립, 국제회의 유치부와 국제회의 상품개발부의 설립을 제시하고 있다(이장춘·박창수, 2003: 315~327).

황희곤은 국제회의산업의 육성을 위하여 국제회의 마케팅 촉진전략을 제시하였다(황희곤·김성섭, 2002: 409~412). 구체적인 내용으로는 체계적인 마케팅 홍보기능의 정비와 운영, 한국관광공사를 비롯한 정부부처·각 학회·협회차원의 정보네트워크 구성과 각 국제회의산업 관련 기관의 협력체계 구축, 신시장·신규 아이템의 개발과 IT산업의 발전을 기반으로 한 기술개발의 강화, 경험과 실력을 보유한 전문 인력 양성을 위한 체계 정비, 금융 및 세제상의 지원강화 등이다.

김용관은 경기도 국제회의산업의 육성방안으로 첫째, 국제회의 사무국의 설립을 제시하였다. 국제회의사무국의 역할은 경기도 내의 국제회의도시 지정 및 육성촉진 및 유도, 국제회의산업 육성 중·장기 계획의 수립·시행, 국제회의 유치 및 홍보활동의 전개, 국제회의 유치역량의 축적, 전문 인력 양성 및 행사인력의 확보 등으로 제시하였다. 둘째, 국제회의시설의 성격, 접근성, 숙박기반시설·관광기반시설의 확충방안을 제시하였으며, 국제 컨벤션 유치보다 국내 컨벤션 유치를 우선 고려해야 한다고 주장하고 있다(김용관, 1997).

김성혁은 국제회의산업 육성을 위한 추진과제로 국제회의 전문시설의 확충, 국제회의 전문 인력의 양성, 국제회의 운영능력의 향상, 정부 지원정책 등이 체계적으로 연계·추진되어야 함을 언급하였으며, 각 지역별로 국제회의 전문기구(CVB)의 설치의 필요성을 제시하였다. 또한, 지역특성을 감안한 적정규모의 국제회의 전문시설의 건립, 체계적인 국제회의 유치 및 홍보활동의 전개, 국제회의 개최도시 수용태세의 체계적인 개선을 대안으로 제시하였다(김성혁, 2002: 98~101).

김우곤은 국내 국제회의산업의 현황 및 경제 파급효과에 관한 연구에서 국제회의산업의 육성대책으로 국제회의 운영주체에 대한 재정지원, 국제회의 전문 인력 양성, 지방 국제회의도시 지정·육성을 제시하였으며 국제회의 및 전시회산업의 국내 경제파급효과를 분석하였다(김우곤, 1997).

제 3 장 연구의 설계 및 조사방법

제1절
연구 모형

이 연구는 국제회의산업 육성을 위해 국제회의산업 육성정책의 합리적인 방안이 모색되어야 한다는 점에서 국제회의산업 육성정책에 대한 Anderson (1979), Edgell(1990) 등의 이론에 대한 고찰과, Leiper(1979), Van Doom(1982), 박창수(2003) 등의 선행 연구결과를 토대로 국제회의산업 관련 환경적 여건과 국제회의산업 정책에 대한 중요 항목들을 도출하였다. 도출된 항목은 국제회의산업 시설과 서비스 부문, 경제적 부문, 사회적·문화적 부문, 정치적·외교적 부문과 정책적인 부문으로 각 항목의 여건에 대한 전문가 집단의 인식을 고찰하고자 하였다. 또한, 국제회의산업에 관한 각 부문과 정책에 관한 중요도 인식을 파악하고, 국제회의산업 관련 각 여건 인식과의 관계를 고찰함으로써 우리나라 국제회의산업 육성을 위한 구체적이고 합리적인 국제회의산업 육성정책방안을 제시하고자 한다.

위에서 설명한 내용들을 그림으로 나타내면, <그림 3-1>의 연구 모형과 같다.

국제회의산업관련 전문가집단
국제회의산업 여건
국제회의산업 육성 정책
국제회의산업 인식
국제회의산업 여건과 인식과의 관계
국제회의산업 정책방향과 인식과의 관계
국제회의산업 육성정책 방안 도출

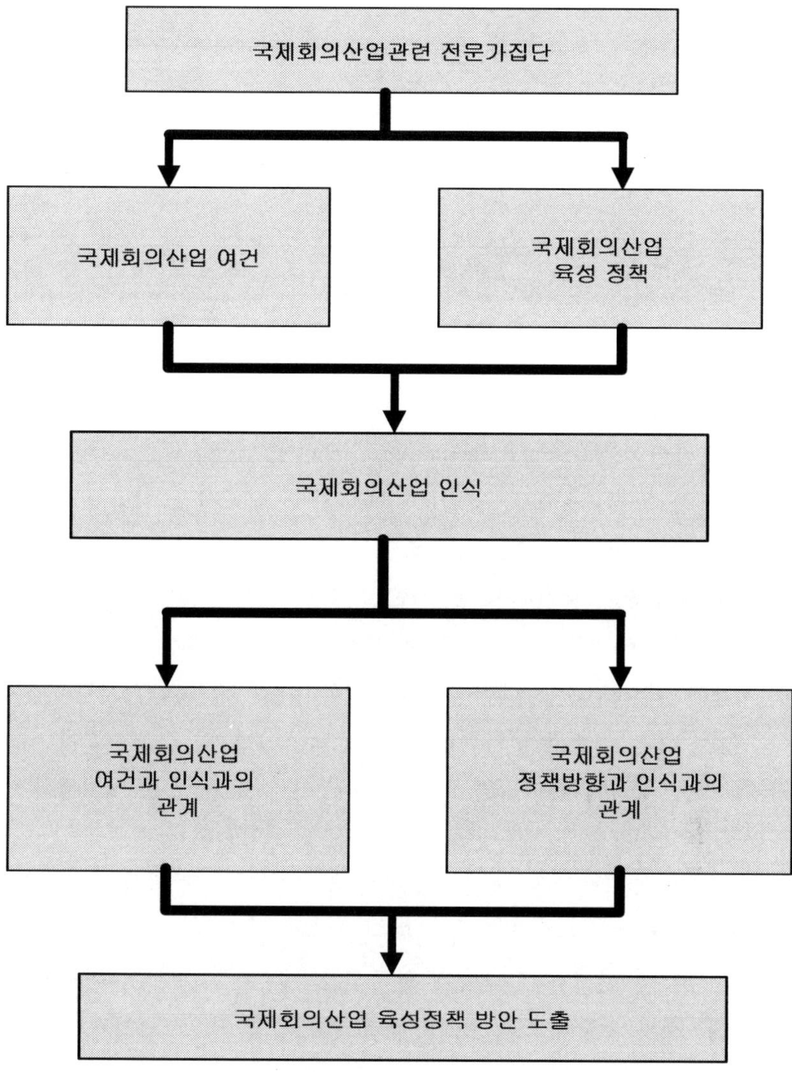

〈그림 3-1〉 연구의 모형

제2절
조사 설계

1. 표본선정 및 조사방법

이 연구의 조사를 위한 조사방법은 정책적인 대안 제시가 목적이므로 계량적인 방법보다는 전문가의 의견을 합의 도출하는 것이 합리적이므로 델파이 기법(Delphi Technique)을 적용하였다.

미래를 예측하는 질적인 방법 가운데 가장 대표적인 방법이 델파이 기법(Delphi Technique)으로서, 전문가 1인에 의존하는 것이 아니고, 여러 전문가로부터 유능한 식견을 모으고 교환하여 발전시키는 직관적인 예측 절차이다(노화준, 1984: 135). 델파이 기법은 1960년대 중반부터 산업계에서 기술 발전을 예측하는 데 광범위하게 활용되기 시작하였고, 그 후에는 미래 예측뿐만 아니라 조직의 목표설정 및 정책수립에 이르기까지 적용 영역이 확대되었으며, 정부나 기업 및 학술연구 등에서 가장 대표적인 비계량적 예측방법으로 널리 활용되고 있다.

이 연구의 조사대상은 국제회의산업 육성을 위한 정책적 대안 제시를 위해 국제회의 관련 전문가 집단인 문화관광부, 한국관광공사 코리아컨벤션뷰로를 포함한 국제회의 관련 정부기관과 국제회의 관련 지방자치단체 기구 공무원, 국제회의 관련 기획업체 및 시설업체 종사자, 국제회의 관련 학교 교수 및 기타 교육기관 종사자, 국제회의 관련 협회 및 연구원을 대상으로 무작위 추출법을 사용하여 선정된 37명에게 설문지를 배포하여 작성하였다.

조사기간은 2005년 1월~3월까지 3회에 걸쳐 실시하였으며, 설문조사는 연구자가 직접 방문하여 설문조사를 실시하였으며, 시간이 많이 소요되는 지역의 전문가에게는 E-mail을 활용한 우편조사를 실시하였다.

전문가 의견조사는 설문지법을 이용하여 설문항목에 대해 응답자가 직접 기입하는 자기기입법(self-administerd questionare survey method)을 사용하였다.

2. 설문지 구성

이 연구의 설문지 구성은 국제회의산업의 여건과 국제회의산업 육성을 위한 정책적 접근방향, 일반적 사항의 설문 문항으로 구성하였다.

델파이 라운드(Delphi Round)를 실시하는 데 있어서,

1라운드의 설문조사는 국제회의산업의 여건과 육성정책에 대한 수준과 중요도를 측정하기 위해 5점 등간척도(5-point Likert-type scaling method)를 사용하였다. 국제회의산업 여건에 대한 인식을 알아보기 위해 국제회의산업 전반적인 수준과 시설·서비스 여건, 경제적 여건, 사회적·문화적 여건, 정치적·외교적 여건에 대한 설문과 국제회의산업 정책에 관한 인식을 알아보는 설문으로 구성되었다.

2라운드는 1차 조사 결과를 기초로 설문지를 작성하였으며, 국제회의산업의 여건과 정책방안의 중요도순에 따라 설문항목을 구성하였고, 각 항목들에 대한 문제점과 구체적인 정책방안을 서술하도록 하였다.

3라운드는 2차 조사 결과를 기초로 국제회의산업의 여건과 정책에 대한 구체적인 방안들을 제시하고, 우선순위를 응답하도록 하였다.

조사 설문항목은 1차 64개 문항(응답자 일반사항 포함), 2차 21문항, 3차 80문항으로 총 165개의 문항으로 구성되었다. 조사대상자의 일반사항과 관련해서는 연령, 성별, 소속, 학력, 소득, 근무연수의 6개 문항으로 구성되어 있다.

설문조사 질문의 여건수준 평가는 5점 리커드를 사용 '전혀 잘되어 있지 않다, 잘되어 있지 않다, 보통이다, 잘되어 있다, 매우 잘되어 있다'로, 중요도 평가는 '전혀 중요하지 않다, 중요하지 않다, 보통이다, 중요하다, 매우 중요하다'로 평가점수가 0점에서 5점의 등간격 평균으로 환산하였다.

<표 3-1> 설문지의 구성

구 분	측정개념 및 변수	척 도	문항 수
제1설문서 (64개 문항)	〈국내 국제회의산업의 전반에 관한 인식〉 1. 국제회의산업 여건의 수준	등간, 명목	1문항
	2. 국제회의산업 부문별 여건과 중요도 인식		
	○시설·서비스 여건		14문항
	○경제적 여건		5문항
	○사회적·문화적 여건		18문항
	○정치적·외교적 여건		4문항
	〈국제회의산업 정책에 관한 수준과 중요도 인식〉		
	1. 국제회의산업 전반적인 정책 수준		1문항
	2. 국제회의산업 정책항목에 관한 수준과 중요도		15문항
	〈응답자의 일반적인 사항〉		6문항
제2설문서 (21개문항)	〈국내 국제회의산업의 여건에 관한 의견조사〉 1. 국제회의산업 부문별 여건의 문제점과 정책방안	개방 형	
	○시설·서비스 여건		6문항
	○경제적 여건		3문항
	○사회적·화적 여건		5문항
	○정치적·외교적 여건		6문항
	2. 기타 참조의견 서술		1문항
제3설문서 (80문항)	〈국내 국제회의산업의 여건에 관한 의견조사〉 1. 국제회의산업 각 부문별 정책방안의 중요도	등간	
	○시설·서비스 여건		25문항
	○경제적 여건		12문항
	○사회적·문화적 여건		21문항
	○정치적·외교적 여건		22문항

3. 자료 수집

국제회의 관련 전문가인 국제회의 관련 정부기관과 국제회의 관련 지방자치단체 기구 공무원, 국제회의 관련 기획업체 및 시설업체 종사자, 국제회의 관련 학교 교수 및 기타 교육기관 종사자, 국제회의 관련 협회 및 연구원을 응답집단으로 설정하여 전문가 의견조사를 실시하였다.

1차 조사는 폐쇄형 설문으로 명목척도와 등간척도로 여건수준과 중요도에 대한 의견을 조사하였다. 2차 조사는 자유응답형 설문으로 제시하여 전문가 집단의 다양한 의견을 수집하였다. 그리고 3차 조사는 2차 조사 결과 제시된 전문가 집단의 자유응답을 수작업을 통해 폐쇄식 설문으로 재구성하였으며, 각 문항별로 중요도를 응답하도록 하였다.

중요도가 가장 높은 응답 항목순으로 3점, 2점, 1점으로 다시 척도화하여 전산 처리하였다. 그리고 각 항목별로 평균값을 산출하여 분석하고, 각 항목의 평균값에 따른 중요도 순위를 대안 선택의 기준으로 삼았다.

4. 분석 방법

국제회의산업 전문가들을 대상으로 조사하여 회수된 총 37개의 설문지를 분석 자료로 사용하였으며, 수집된 자료의 통계 처리는 코딩(coding)과정을 거쳐 SPSS통계패키지 프로그램을 활용하여 분석하였다. 또한, 중요도가 낮다고 평가된 항목별 대안을 제외시키고 다음 설문서를 작성하였다. 자료의 분석은 기술적 통계를 활용하였으며 기술적 통계는 단순빈도(simple frequency), 평균(mean), 백분율(%), 표준편차(std)를 이용하였으며, 전문가들이 평가한 항목이 각 집단 간(정부, 학계, 기업 등) 차이를 가지는지 검증하기 위하여 분산분석(ANOVA)을 실시하였다.

제 4 장 조사 결과 분석

제1절
표본의 일반적 특성

국제회의 관련 전문가 집단을 대상으로 한 표본 집단은 문화관광부, 한국관광공사 코리아컨벤션뷰로를 포함한 국제회의 관련 정부기관과 국제회의 관련 지방자치단체 기구 공무원, 국제회의 관련 협회인 한국컨벤션·이벤트산업협회 및 한국문화관광정책연구원, 국제회의 관련 기획업체 및 시설업체 종사자, 국제회의 관련 학교 교수 및 기타 교육기관 종사자 등의 전문직으로 구성된 총 37명의 전문 표본 집단이다.

이 전문가 집단을 조사 분석의 대상으로 선정하였으며, 표본의 일반적인 특성인 성별, 연령별, 학력별, 근무연수별 소득별 수준을 살펴보기 위해 빈도분석(frequency analysis)을 실시하였다.

먼저, 전문가 집단의 직업별 구성비를 보면, 국제회의 관련 정부기관과 지방자치단체 기구 공무원, 협회와 연구원에 소속된 전문가가 9명으로 24.32%, 국제회의 관련 기획업체와 시설업체(센터)에 소속된 전문가가 10명으로 27.03%, 호텔에 소속된 전문가가 9명으로 24.32%, 국제회의 관련 학교 교수 및 기타 교육기관 종사자 9명 27.3%로 구성되어 있다.

응답자의 성별에 있어서는 총 37명의 응답자 중 남성이 29명으로

78.38%이고, 여성이 8명으로 21.62%를 차지하는 것으로 나타났다.

연령별로는 29세 이하가 3명으로 8.11%, 30세에서 39세 이하가 12명으로 32.43%, 40세에서 49세 이하가 20명으로 54.05%, 50세 이상이 2명으로 5.41%를 차지하였다.

응답자의 학력을 살펴보면, 대졸이 7명으로 18.92%를 나타냈고, 대학원 이상이 30명 81.08%를 나타내고 있다.

소득에 있어서는 연소득 1500만 원 미만이 1명으로 2.70%, 1500만 원에서 2500만 원 미만이 5명으로 13.51%, 2500만 원 이상에서 3500만 원 미만이 4명으로 10.81%, 3500만 원 이상에서 4500만 원 미만이 11명으로 29.73%, 4500만 원 이상이 16명으로 43.24%를 나타내었다.

마지막으로, 소속기관 근무연수를 살펴보면, 3년 미만이 5명으로 13.51%, 3년에서 5년 미만이 5명으로 13.51%, 5년 이상에서 10년 미만도 5명으로 13.51%, 10년에서 15년 미만이 6명으로 16.22%, 15년에서 20년 미만이 10명으로 27.03%, 20년 이상이 6명으로 16.22%를 차지하였다.

<표 4-1> 표본의 인구통계학적 특성

(단위: 명, %)

항 목 \ 구 분	국제회의 관련 전문가 집단				합 계
	정부기관 지자체, 협회전문가	학교교수 및 교육기관 전문가	호텔 전문가	국제회의기획업체 및 센터전문가	
성별 남 자	7 18.92%	9 24.32%	9 24.32%	4 10.81%	29 78.38%
성별 여 자	2 5.41%	0 0.00%	0 0.00%	6 16.22%	8 21.62%
연령 29세 이하	0 0.00%	0 0.00%	0 0.00%	3 8.11%	3 8.11%
연령 30~39세 이하	3 8.11%	2 5.41%	3 8.11%	4 10.81%	12 32.43%
연령 40~49세 이하	5 13.51%	6 16.22%	6 16.22%	3 8.11%	20 54.05%
연령 50세 이상	1 2.70%	1 2.70%	0 0.00%	0 0.00%	2 5.41%

항 목	구 분	국제회의 관련 전문가 집단				합 계
		정부기관 지자체, 협회전문가	학교교수 및 교육기관 전문가	호텔 전문가	국제회의기획업체 및 센터전문가	
학력	대 졸	1 2.70%	1 2.70%	1 2.70%	4 10.81%	7 18.92%
	대학원 이상	8 21.62%	8 21.62%	8 21.62%	6 16.22%	30 81.08%
연소득	1500만 원 미만	0 0.00%	0 0.00%	0 0.00%	1 2.70%	1 2.70%
	1500만 원 이상~ 2500만 원 미만	2 5.41%	1 2.70%	1 2.70%	1 2.70%	5 13.51%
	2500만 원 이상~ 3500만 원 미만	0 0.00%	0 0.00%	0 0.00%	4 10.81%	4 10.81%
	3500만 원 이상~ 4500만 원 미만	1 2.70%	5 13.51%	3 8.11%	2 5.41%	11 29.73%
	4500만 원 이상	6 16.22%	3 8.11%	5 13.51%	2 5.41%	16 43.24%
근무연수	3년 미만	1 2.70%	0 0.00%	0 0.00%	4 10.81%	5 13.51%
	3년 이상~ 5년 미만	1 2.70%	2 5.41%	1 2.70%	1 2.70%	5 13.51%
	5년 이상~ 10년 미만	0 0.00%	1 2.70%	1 2.70%	3 8.11%	5 13.51%
	10년 이상~ 15년 미만	2 5.41%	3 8.11%	0 0.00%	1 2.70%	6 16.22%
	15년 이상~ 20년 미만	3 8.11%	2 5.41%	4 10.81%	1 2.70%	10 27.03%
	20년 이상	2 5.41%	1 2.70%	3 8.11%	0 0.00%	6 16.22%

제2절
자료 분석

1. 1차 조사 분석

1) 국제회의산업 여건 전반에 관한 인식 분석 결과

(1) 국제회의산업 여건의 전반적인 수준

우리나라 국제회의산업 육성을 위한 여건의 전반적인 수준을 묻는 질문에 대한 전문가 37명의 응답은 <그림 4-1> 같다.

우리나라 국제회의산업 여건에 대하여 59.5%의 전문가들이 '보통이다'(59.5%)라고 응답하였고, 그다음으로 '잘되어 있다'(24.3%), '잘되어 있지 않다'(13.5%) 순으로 나타나고 있다.

이상에서 볼 때, 우리나라 국제회의산업 여건에 대하여 전문가들은 대체적으로 보통 수준이라고 생각하는 것을 알 수 있다.

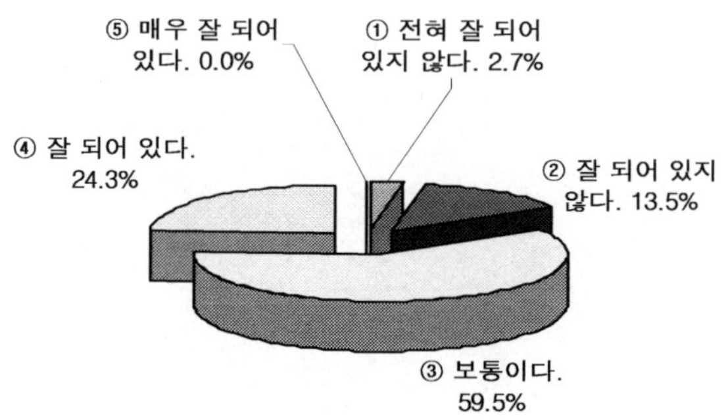

〈그림 4-1〉 국제회의산업 여건의 전반적인 수준

(2) 시설 · 서비스 여건에 관한 각 부문별 여건수준과 중요도 분석

국제회의산업의 시설과 서비스 여건수준에 대한 전문가들의 응답은 표<4-2>와 같이 전체적으로 보통 수준(3.21)이라는 응답을 보였으나, 국제회의 종사자의 자질(2.83)과 회의기획업체의 전문성(2.75), 서비스 전문업체의 유용성(2.83), 국제회의 전문 통역사의 수(2.78), 시설과 서비스에 대한 지방 분산화(2.70) 대해서는 여건수준이 낮게 평가되었다.

국제회의산업의 시설과 서비스 중요도에 대한 응답은 전체적으로 중요하다(4.09)라는 분석 결과를 나타냈다. 특히, 국제회의 종사자의 자질(4.45)과 회의기획업체의 전문성(4.27)에 관하여 중요도는 높게 평가되었으나 여건수준은 낮게 평가되어 이에 대한 정책적 방안 수립이 시급함을 알 수 있었다.

<표 4-2> 시설 · 서비스 여건에 관한 각 부문별 여건수준과 중요도 분석

시설 · 서비스 여건 항목	여건수준 평균값 (표준편차)	중요도 평균값 (표준편차)
국제회의장 시설	3.70 (0.74)	4.48 (0.50)
전시시설	3.70 (0.74)	4.32 (0.53)
시청각장비, 회의장 기구의 최신성	3.59 (0.72)	4.13 (0.71)
부대시설, 문화시설	3.02 (0.76)	4.13 (0.75)
숙박시설	3.32 (0.91)	4.43 (0.60)
교통시설, 접근성	3.27 (0.73)	4.37 (0.63)
식음료서비스	3.45 (0.76)	3.86 (0.71)

시설·서비스 여건 항목	여건수준 평균값 (표준편차)	중요도 평균값 (표준편차)
식음료서비스	3.45 (0.76)	3.86 (0.71)
객실 서비스	3.67 (0.74)	3.86 (0.75)
국제회의 종사자의 자질	2.83 (0.80)	4.45 (0.60)
비즈니스센터 서비스	3.27 (0.73)	3.67 (0.88)
회의기획업체 전문성	2.75 (0.83)	4.27 (0.73)
서비스 전문업체의 유용성	2.83 (0.68)	3.70 (0.77)
국제회의 전문통역사 수	2.78 (0.82)	3.89 (0.61)
시설 및 서비스의 지방 분산화	2.70 (0.96)	3.73 (0.80)
전체 평균	3.21 (0.44)	4.09 (0.44)

(3) 경제적 여건에 관한 각 부문별 여건수준과 중요도 분석

국제회의산업의 경제적 여건수준에 대한 전문가들의 응답은 <표 4-3>와 같이 전체적으로 잘되어 있지 않다(2.32)는 응답을 보였으며, 가장 낮은 평가를 받은 항목은 국제회의 종사원의 임금제도(2.05)와 스폰서기업에 대한 제도적 지원(2.08)부문이다.

국제회의산업의 경제적 여건에 대한 중요도 응답을 살펴보면, 전체적으로 중요하다(3.97)는 인식이 대부분이었으며, 특히 홍보·마케팅활동 자금 지원에 있어서 여건(2.18)은 매우 낮게 평가한 데 반해, 중요도는 4.24로 높게 나타나 여건수준과 중요도 인식에 많은 차이를 보였다.

따라서 국제회의산업 홍보를 위한 자금 지원과 국제회의 종사원에 대한 임금제도의 개선, 스폰서기업에 대한 제도적 지원이 우선적으로 해결되고, 확대되어야 할 것으로 사료된다.

<표 4-3> 경제적 여건에 관한 각 부문별 여건수준과 중요도 분석

경제적 여건 항목	여건수준 평균값 (표준편차)	중요도 평균값 (표준편차)
경제적 안전성(환율, 주가, 신용평가 등급)	2.78 (0.67)	3.86 (0.67)
국제회의시설업체에 대한 경제적인 지원 (세금혜택)	2.51 (0.73)	3.86 (0.85)
국제회의 종사원의 임금제도	2.05 (0.91)	3.97 (0.68)
홍보·마케팅활동 자금 지원	2.18 (0.77)	4.24 (0.76)
스폰서기업에 대한 제도적 지원	2.08 (0.75)	3.91 (1.06)
전체 평균	2.32 (0.49)	3.97 (0.57)

(4) 사회적·문화적 여건에 대한 각 부문별 여건수준과 중요도에 관한 빈도분석

<표 4-4>에서 보는 바와 같이 국제회의산업 사회적·문화적 여건수준에 대한 응답에서는 안전·보안여건(3.75)과 기후여건(3.59)을 제외한 전체적인 수준이 잘되어 있지 않다(2.69)고 평가되고 있었으며, 중요도에 대한 전체 인식은 3.83을 나타내 대체적으로 중요하게 인식되고 있음을 알 수 있었다. 특히, 국제회의산업 사회적·문화적 여건의 중요도 응답에 있어서 국제회의 개최지로서의 이미지(4.48)와 국제회의와 연계된 다양한 관광상품 개발(4.40)측면은 매우 중요하게 인식하고 있는 반

면 여건수준은 낮게 평가되어 이 부분의 여건 향상을 위한 적극적인
노력이 필요함을 알 수 있었다.

〈표 4-4〉 사회적·문화적 여건에 관한 각 부문별 여건수준과 중요도 분석

사회적·문화적 여건수준	여건수준 평균값 (표준편차)	중요도 평균값 (표준편차)
국제회의 개최지로서의 이미지	2.86 (0.63)	4.48 (0.50)
관광자원	2.67 (0.78)	4.18 (0.56)
국제회의와 연계된 다양한 관광상품 개발	2.29 (0.66)	4.40 (0.55)
국제회의 교육과정 운영	2.51 (0.80)	3.91 (0.79)
국제회의 상품 개발	2.27 (0.65)	3.94 (0.78)
안전, 보안	3.75 (0.86)	4.21 (0.58)
사회적 안정	3.16 (0.72)	4.02 (0.76)
국제회의 관련 민간기관의 활성화	2.45 (0.73)	3.86 (0.71)
지역주민의 의식수준, 환대성	2.32 (0.78)	3.89 (0.80)
지역의 건전성	2.81 (0.66)	3.35 (0.67)
국민 홍보	2.45 (0.73)	3.62 (0.68)
국제회의 관련 협회 및 학회의 연구 활동 및 지원	2.40 (0.76)	3.91 (0.72)
기 후	3.59 (0.68)	3.62 (0.63)

사회적·문화적 여건수준	여건수준 평균값 (표준편차)	중요도 평균값 (표준편차)
국제회의 관련 협회 및 학회의 연구 활동 및 지원	2.40 (0.76)	3.91 (0.72)
기 후	3.59 (0.68)	3.62 (0.63)
전국적·체계적인 관광안내 체계	2.45 (0.86)	3.94 (0.66)
각국 문화의 다양성 이해도	2.21 (0.71)	3.59 (0.72)
기술의 발달로, 화상회의와 같은 대체산업에 대한 대응	3.02 (0.98)	3.54 (0.76)
신세대들의 대화기피, 재택근무 선호 등의 변화로 인한 회의산업 변화에 대한 대응	2.64 (0.75)	3.16 (0.83)
일반기업들의 비용감축에 대한 대응	2.51 (0.69)	3.32 (0.85)
전체 평균	2.69 (0.39)	3.83 (0.41)

(5) 정치적·외교적 여건에 관한 각 부문별 여건수준과 중요도 분석

국제회의산업 정치적·외교적 여건 중요도에 대한 전문가들의 응답을 살펴보면, <표 4-5>에서 보는 바와 같이, 전체적 인식이 다른 여건 대비 정치적·외교적 여건을 중요하게 인식(4.25)하고 있는 것으로 나타났으나, 현 정치적·외교적 여건수준은 잘되어 있지 않다(2.43)고 인식하는 것으로 나타났다.

따라서 분석 결과를 통해 정치적인 안정을 위한 노력과 국가의 적극적인 외교적 활동 등 국가의 위상과 이미지 향상을 위한 노력이 매우 시급함을 잘 말해 주고 있다고 하겠다.

〈표 4-5〉 정치적 · 외교적 여건에 관한 각 부문별 여건수준과 중요도 분석

정치적 · 외교적 여건 항목	여건수준 평균값 (표준편차)	중요도 평균값 (표준편차)
정치적 안정성	2.35 (0.88)	4.10 (0.65)
외교력(외교적 협력 및 발언권)	2.27 (0.73)	4.32 (0.62)
평화적 이미지 구축	2.43 (0.86)	4.02 (0.64)
세계 속 우리나라 국가 위상	2.70 (0.74)	4.54 (0.55)
전체 평균	2.43 (0.62)	4.25 (0.45)

2) 국제회의산업 정책 수준에 관한 인식 분석 결과

(1) 국제회의산업 정책의 전반적인 수준

우리나라 국제회의산업 육성을 위한 정책의 전반적인 수준을 묻는 질문에 대한 전문가 37명의 응답은 <그림 4-2> 같다.

우리나라 국제회의산업 정책에 대한 전문가들의 응답을 보면, '잘되어 있지 않다'가 54.1%로 대부분을 차지하였으며, 그다음으로, '보통이다'의 응답이 37.8%를 나타냈다. '잘되어 있지 않다'는 의견이 절반이 넘는다는 것을 볼 때, 우리나라 국제회의산업 정책이 전반적으로 잘되고 있지 않음을 알 수 있다.

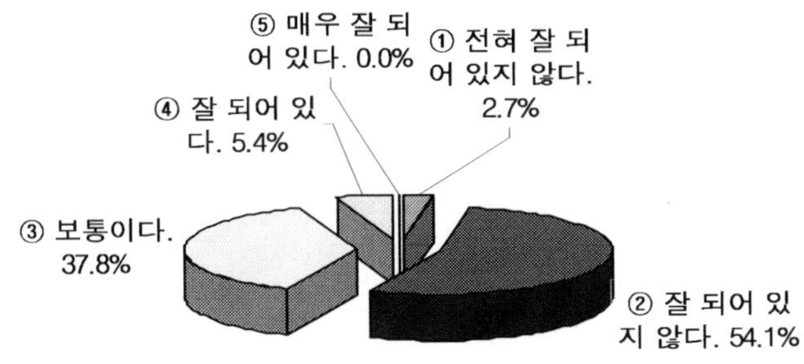

〈그림 4-2〉 국제회의산업 정책의 전반적인 수준

(2) 국제회의산업 정책에 관한 각 부문별 구축수준과 중요도 분석

<표 4-6>과 같이 국제회의산업 정책 측면의 여건수준 조사에서는 전체적으로 2.53의 값을 나타내 잘되고 있지 않다는 인식을 보이고 있었으며, 특히 대학 및 민간차원의 교육제도에 대한 평가와 지원제도(2.18), 국제회의 지정제도에 대한 여건(2.27), 국제회의 자격제도에 대한 활성화(2.32) 순으로 잘되고 있지 않다고 인식하고 있었다. 국제회의산업 정책 측면의 중요도 조사에서는 전체적으로 중요하다는 인식(3.98)을 나타냈으며 그중에서도 국제회의 유치를 위한 정부의 적극적인 정책(4.48)과 국제회의 유치를 위한 체계적인 홍보와 선전(4.43)은 매우 중요하게 인식되었으나, 현 여건수준은 낮게 평가되어 이 부분에서의 정책 보완과 개선이 시급히 요구된다.

〈표 4-6〉 국제회의산업 정책에 관한 각 부문별 구축수준과 중요도 분석

정책적 여건 항목	여건수준 평균값(표준편차)	중요도 평균값(표준편차)
정부부처의 교섭력, 협조 체계 및 활동	2.56 (0.76)	4.10 (0.56)
지자체 유관기관(각 지역 관광과)의 협력	2.59 (0.79)	4.10 (0.69)
지역의 인프라개발, 편의시설 확충을 위한 투자	2.67 (0.62)	4.21 (0.58)

정책적 여건 항목	여건수준 평균값(표준편차)	중요도 평균값(표준편차)
정기적인 시장조사 및 최신정보제공 등의 정보체계	2.54 (0.76)	4.05 (0.78)
지역 간의 차별적인 마케팅활동을 위한 지원 및 조정활동 수행	2.29 (0.93)	4.08 (0.75)
국제회의 유치 및 온라인 예약 증진을 위한 웹사이트 운영	2.73 (0.76)	3.81 (0.70)
국제회의 자격제도 활성화	2.32 (0.88)	3.48 (0.98)
대학 등 민간차원의 교육제도 평가 및 지원	2.18 (0.70)	3.54 (0.76)
'국제회의산업 육성에 관한 법률'의 적합성 (법규정의 미비)	2.62 (0.75)	3.94 (0.70)
출입국절차, 관세통관 절차 간소화	2.67 (0.70)	3.75 (0.89)
국제회의 유치를 위한 정부의 적극적인 정책	2.70 (0.93)	4.48 (0.65)
국제회의 유치를 위한 체계적인 홍보와 선전	2.48 (0.69)	4.43 (0.60)
국제기구 가입 및 참여도	2.62 (0.79)	4.18 (0.56)
컨벤션뷰로의 설치	2.70 (0.96)	4.16 (0.76)
국제회의도시 지정제도	2.27 (0.73)	3.43 (1.01)
전체 평균	2.53 (0.50)	3.98 (0.42)

3) 국제회의산업 각 여건과 정책에 관한 인식 수준과 중요도 비교

국제회의산업 각 여건과 정책에 관한 인식 수준과 중요도 결과를 하나의 그래프로 나타내면 <그림 4-3>과 같다.

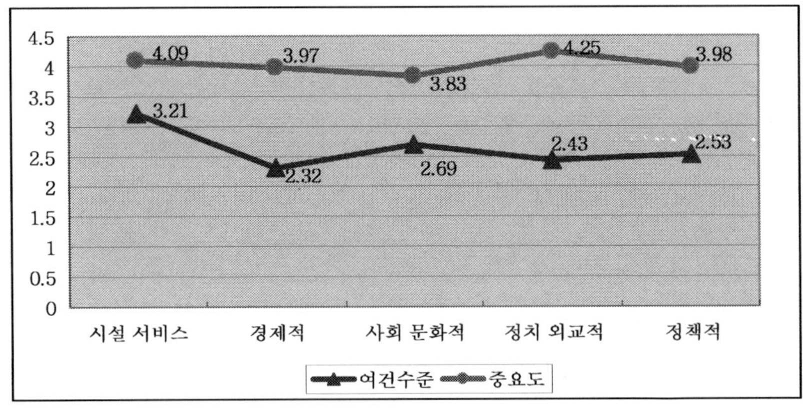

〈그림 4-3〉 국제회의산업 각 여건과 정책에 관한 인식 수준과 중요도 비교

4) 국제회의산업 여건과 정책 중요도에 관한 집단 간 비교 분석 결과

(1) 시설·서비스 여건 중요도에 관한 집단 간 비교 분석

<표 4-7>에서 보면, 국제회의산업 시설·서비스 측면에서의 집단 간 중요도 비교 분석 결과, 비교적 견해차이는 없는 것으로 평가된다.

특히, 국제회의장·전시·숙박·교통시설과 국제회의 종사자의 자질 부문에 있어서는 전문가 4집단 모두 높은 중요도를 나타내고 있다.

〈표 4-7〉 시설·서비스 여건 중요도에 관한 집단 간 비교 분석

시설·서비스 여건 항목	정부기관 및 협회 평균값 (표준편차)	교육기관 평균값 (표준편차)	호텔 평균값 (표준편차)	기업 및 센터 평균값 (표준편차)
국제회의장 시설	4.44 (0.52)	4.55 (0.52)	4.55 (0.52)	4.40 (0.51)
전시시설	4.44 (0.52)	4.33 (0.50)	4.33 (0.50)	4.20 (0.63)

시설·서비스 여건 항목	정부기관 및 협회 평균값 (표준편차)	교육기관 평균값 (표준편차)	호텔 평균값 (표준편차)	기업 및 센터 평균값 (표준편차)
시청각장비, 회의장 기구의 최신성	3.88 (0.78)	4.22 (0.66)	4.44 (0.72)	4.00 (0.66)
부대시설, 문화시설	4.22 (0.83)	4.44 (0.52)	4.22 (0.83)	3.70 (0.67)
숙박시설	4.33 (0.70)	4.55 (0.52)	4.33 (0.70)	4.50 (0.52)
교통시설, 접근성	4.44 (0.52)	4.33 (0.70)	4.33 (0.86)	4.40 (0.51)
식음료서비스	3.77 (0.66)	3.77 (0.83)	4.33 (0.70)	3.60 (0.51)
객실 서비스	3.66 (0.86)	4.00 (0.70)	4.22 (0.83)	3.60 (0.51)
국제회의 종사자의 자질	4.55 (0.52)	4.77 (0.44)	4.22 (0.66)	4.30 (0.67)
비즈니스센터 서비스	3.44 (0.88)	4.11 (0.60)	3.55 (1.33)	3.60 (0.51)
회의기획업체 전문성	4.22 (0.83)	4.55 (0.52)	4.00 (1.00)	4.30 (0.48)
서비스 전문업체의 유용성	3.55 (0.88)	3.77 (0.83)	3.66 (1.00)	3.80 (0.42)
국제회의 전문통역사 수	3.77 (0.83)	4.22 (0.44)	4.11 (0.33)	3.50 (0.52)
시설 및 서비스의 지방 분산화	3.55 (0.88)	4.00 (1.00)	3.77 (0.83)	3.60 (0.51)
전체 평균	4.02 (0.44)	4.26 (0.44)	4.15 (0.60)	3.96 (0.25)

(2) 경제적 여건 중요도에 관한 집단 간 비교 분석

<표 4-8>에서 보는 바와 같이, 국제회의산업의 경제적 여건에 대한 중요도 응답에 있어서 교육기관에 종사하는 전문가 집단이 가장 높은

중요도(4.35)를 나타내고 있다. 이는 앞으로 국제회의산업에 종사할 많은 교육생을 배출하는 데 있어서 국제회의 업체에 대한 경제적인 지원과 종사원 임금제도와 같은 경제적인 문제가 국제회의 전문가 배출에 있어서도 많은 영향을 미치고 있음을 확인할 수 있다.

〈표 4-8〉 경제적 여건 중요도에 관한 집단 간 비교 분석

경제적 여건 항목	정부기관 및 협회 평균값 (표준편차)	교육기관 평균값 (표준편차)	호텔 평균값 (표준편차)	기업 및 센터 평균값 (표준편차)
경제적 안전성 (환율, 주가, 신용평가 등급)	3.66 (0.70)	4.22 (0.66)	3.88 (0.78)	3.70 (0.48)
국제회의시설업체에 대한 경제적인 지원 (세금혜택)	3.77 (0.97)	4.33 (0.70)	3.66 (0.70)	3.70 (0.94)
국제회의 종사원의 임금제도	4.11 (0.78)	4.22 (0.66)	3.77 (0.66)	3.80 (0.63)
홍보·마케팅활동 자금 지원	3.88 (0.92)	4.77 (0.44)	4.11 (0.78)	4.20 (0.63)
스폰서기업에 대한 제도적 지원	3.44 (0.88)	4.22 (1.30)	3.88 (1.16)	4.10 (0.87)
전체 평균	3.77 (0.52)	4.35 (0.57)	3.86 (0.64)	3.90 (0.44)

(3) 사회적·문화적 여건 중요도에 관한 집단 간 비교 분석

<표 4-9>에서 보는 바와 같이, 국제회의산업의 사회적·문화적 여건에 대한 중요도 응답을 살펴보면, '국제회의 개최지로서의 이미지' 부문과 '국제회의와 연계된 다양한 상품개발' 부문에 있어서는 전문가 4집단 모두 높은 중요도를 나타내고 있어 이에 대한 정책적 대안 연구가 반드시 필요하겠다.

<표 4-9> 사회적·문화적 여건 중요도에 관한 집단 간 비교 분석

사회적·문화적 여건수준	정부기관 및 협회 평균값 (표준편차)	교육기관 평균값 (표준편차)	호텔 평균값 (표준편차)	기업 및 센터 평균값 (표준편차)
국제회의 개최지로서의 이미지	4.77 (0.44)	4.55 (0.52)	4.22 (0.44)	4.40 (0.51)
관광자원	4.40 (0.70)	4.22 (0.44)	4.44 (0.52)	4.10 (0.56)
국제회의와 연계된 다양한 관광 상품 개발	4.55 (0.52)	4.66 (0.50)	4.22 (0.66)	4.20 (0.42)
국제회의 교육과정 운영	4.00 (0.70)	4.22 (0.83)	4.11 (0.78)	3.40 (0.69)
국제회의 상품 개발	3.55 (1.13)	4.11 (0.60)	4.22 (0.83)	3.90 (0.31)
안전, 보안	4.33 (0.70)	4.33 (0.50)	4.33 (0.50)	3.90 (0.56)
사회적 안정	4.11 (1.05)	4.22 (0.66)	3.66 (0.70)	4.10 (0.56)
국제회의 관련 민간기관의 활성화	4.22 (0.66)	3.88 (0.78)	3.66 (0.70)	3.70 (0.67)
지역주민의 의식수준, 환대성	4.00 (0.86)	4.11 (0.78)	3.88 (0.78)	3.60 (0.84)
지역의 건전성	3.44 (0.72)	3.44 (1.01)	3.33 (0.50)	3.20 (0.42)
국민 홍보	3.55 (0.72)	3.77 (0.66)	3.77 (0.66)	3.40 (0.69)
국제회의 관련 협회 및 학회의 연구 활동 및 지원	3.66 (0.70)	3.88 (0.92)	4.11 (0.78)	4.00 (0.47)
기 후	3.55 (0.88)	3.88 (0.60)	3.33 (0.50)	3.70 (0.48)
전국적, 체계적인 관광안내 체계	3.88 (0.33)	3.88 (0.78)	4.00 (1.00)	4.00 (0.47)
각국 문화의 다양성 이해도	3.55 (0.88)	4.22 (0.66)	3.44 (0.52)	3.20 (0.42)

사회적 · 문화적 여건수준	정부기관 및 협회 평균값 (표준편차)	교육기관 평균값 (표준편차)	호텔 평균값 (표준편차)	기업 및 센터 평균값 (표준편차)
전국적, 체계적인 관광안내 체계	3.88 (0.33)	3.88 (0.78)	4.00 (1.00)	4.00 (0.47)
각국 문화의 다양성 이해도	3.55 (0.88)	4.22 (0.66)	3.44 (0.52)	3.20 (0.42)
기술의 발달로, 화상회의와 같은 대체산업에 대한 대응	3.55 (0.88)	4.00 (0.70)	3.44 (0.88)	3.20 (0.42)
신세대들의 대화기피, 재택근무 선호 등의 변화로 인한 회의산업 변화 대응	2.66 (0.86)	3.55 (1.01)	3.55 (0.52)	2.90 (0.56)
일반기업들의 비용감축에 대한 대응	3.33 (0.86)	3.55 (1.13)	3.44 (0.72)	3.00 (0.66)
전체 평균	3.82 (0.32)	4.03 (0.51)	3.84 (0.50)	3.66 (0.25)

(4) 정치적 · 외교적 여건 중요도에 관한 집단 간 비교 분석

국제회의산업 정치적 · 외교적 여건 측면에서의 집단 간 중요도 비교 분석 결과는 <표 4-10>에서 보는 바와 같이 비교적 견해차이는 없는 것으로 평가된다.

또한, 전체적으로 정치적 · 외교적 여건 측면은 전문가 4집단 모두 높은 중요도를 나타내 다른 여건들 대비 매우 중요하게 인식하고 있다는 것을 확인할 수 있었다.

〈표 4-10〉 정치적·외교적 여건 중요도에 관한 집단 간 비교 분석

정치적·외교적 여건 항목	정부기관 및 협회 평균값 (표준편차)	교육기관 평균값 (표준편차)	호텔 평균값 (표준편차)	기업 및 센터 평균값 (표준편차)
정치적 안정성	4.33 (0.50)	4.00 (0.70)	4.33 (0.50)	3.80 (0.78)
외교력(외교적 협력 및 발언권)	4.22 (0.66)	4.44 (0.72)	4.44 (0.72)	4.20 (0.42)
평화적 이미지 구축	4.00 (0.70)	4.11 (0.60)	4.33 (0.50)	3.70 (0.67)
세계 속 우리나라 국가 위상	4.66 (0.50)	4.66 (0.50)	4.55 (0.72)	4.30 (0.48)
전체 평균	4.30 (0.37)	4.30 (0.42)	4.41 (0.51)	4.00 (0.44)

(5) 국제회의산업 정책 중요도에 관한 집단 간 비교 분석

국제회의산업 정책적 여건 측면에서의 집단 간 중요도 비교 분석 결과, <표 4-11>에서 보는 바와 같이 전체적으로 전문가 4집단 모두 중요하다고 인식하고 있었으며, 특히 '국제회의 유치를 위한 체계적인 홍보와 선전'에 있어서 전문가 4집단 모두 높은 중요도 인식을 나타내고 있었다.

〈표 4-11〉 국제회의산업 정책 중요도에 관한 집단 간 비교 분석

정책적 여건 항목	정부기관 및 협회 평균값 (표준편차)	교육기관 평균값 (표준편차)	호텔 평균값 (표준편차)	기업 및 센터 평균값 (표준편차)
정부부처의 교섭력, 협조 체계 및 활동	4.00 (0.70)	4.00 (0.50)	4.33 (0.70)	4.10 (0.31)
지자체 유관기관(각 지역 관광과)의 협력	4.00 (0.50)	4.11 (0.60)	4.11 (1.05)	4.20 (0.63)

정책적 여건 항목	정부기관 및 협회 평균값 (표준편차)	교육기관 평균값 (표준편차)	호텔 평균값 (표준편차)	기업 및 센터 평균값 (표준편차)
지역의 인프라개발, 편의시설 확충을 위한 투자	4.22 (0.66)	4.33 (0.50)	4.11 (0.60)	4.20 (0.63)
정기적인 시장조사 및 최신정보 제공 등의 정보체계	4.11 (0.60)	4.55 (0.52)	3.88 (0.92)	3.70 (0.82)
지역 간의 차별적인 마케팅활동을 위한 지원 및 조정활동 수행	4.33 (0.70)	4.33 (0.70)	4.00 (0.86)	3.70 (0.67)
국제회의 유치 및 온라인 예약 증진을 위한 웹사이트 운영	3.55 (0.52)	4.11 (0.60)	4.22 (0.66)	3.40 (0.69)
국제회의 자격제도 활성화	3.66 (0.86)	3.88 (1.16)	3.44 (1.01)	3.00 (0.81)
대학 등 민간차원의 교육제도 평가 및 지원	3.33 (1.00)	4.11 (0.60)	3.66 (0.50)	3.10 (0.56)
'국제회의산업 육성에 관한 법률'의 적합성 (법규정의 미비)	4.00 (0.86)	4.11 (0.78)	3.66 (0.50)	4.00 (0.66)
출입국절차, 관세통관 절차 간소화	3.44 (1.23)	4.00 (1.00)	3.66 (0.70)	3.90 (0.56)
국제회의 유치를 위한 정부의 적극적인 정책	3.66 (0.50)	4.77 (0.44)	4.22 (0.83)	4.30 (0.67)
국제회의 유치를 위한 체계적인 홍보와 선전	4.44 (0.52)	4.55 (0.52)	4.44 (0.72)	4.30 (0.67)
국제기구 가입 및 참여도	4.33 (0.70)	4.44 (0.52)	4.00 (0.50)	4.00 (0.47)
컨벤션뷰로의 설치	4.44 (0.72)	4.22 (0.66)	3.77 (0.97)	4.20 (0.63)
국제회의도시 지정제도	3.11 (1.36)	3.55 (1.33)	3.66 (0.50)	3.40 (0.69)
전체 평균	3.97 (0.45)	4.20 (0.40)	3.94 (0.54)	3.83 (0.22)

2. 2차 조사 분석

2차 조사에서는 1차 조사의 국제회의산업 여건에 관한 각 부문별 여건수준과 중요도에 대한 빈도분석 결과를 토대로 우리나라 국제회의산업 시설·서비스, 경제적, 사회·문화적, 정치·외교적, 정책적 측면의 중요도 순위에 따른 국제회의산업 정책방안을 구체적으로 제시하도록 하는 설문을 구성하였다.

2차 설문조사 분석 결과는 다음과 같다.

1) 시설·서비스 여건에 관한 정책방안 조사 결과

국제회의장 시설에 대한 구체적인 정책 의견에 대해서는 국제회의장 시설 건립 시 각 지방자치단체의 자율운영과 차별화(29.17%), 대도시 및 지방도시 국제회의시설 확충 필요(25.00%), 신규 건립에 대한 조정과 제한(16.67%), 국제회의시설 건립 시 세제감면 등 정부지원 확대(14.58%), 국제회의시설 관련 표준 정립(12.50%)의 순으로 대안을 제시하고 있다.

전시시설에 대한 의견으로는 지방자치단체별 차별화 전략을 통한 전시시설 운영 (40.54%), 지방도시의 전시시설 확충(21.62%), 정부주도의 전시시설 개선과 조정강화(16.22%), 새로운 이벤트 발굴과 유사행사 규제(16.22%) 순으로 나타나 특히 지방의 차별화 운영의 필요성을 강하게 제시하고 있다.

숙박시설에 대한 정책적 방안으로는 지역별 다양한 등급의 호텔 건립 및 확충(32.61%), 중저가 숙박시설 확충(28.26%)방안을 제시하고 있으며, 교통시설과 접근성에 관한 의견으로는 지자체의 교통인프라 구축을 위한 적극적 노력(35.71%)과 컨벤션 지역별 공항과 호텔·센터 간 셔틀버스 장기적 운영(30.95%)의 필요성을 제안하고 있다.

국제회의 종사자의 자질 향상을 위한 정책적 의견으로는 컨벤션기획사 자격에 대한 인센티브 부여 등 현 자격제도에 대한 개선안 마련(31.37%)과 컨벤션종사자, 자격증 취득자에 대한 정례적인 재보수 교육 실시 등 재교육 강화의 필요성(23.53%)을 강조하고, 컨벤션업체에 대해서는 컨벤션기획사 자격증 소지자를 의무적으로 고용할 것을 제안(21.57%)하고 있다.

마지막으로, 컨벤션뷰로의 설치를 위해 지자체의 적극적인 재정지원(28.13%)과 민간기업의 참여 유도(21.88%)가 필요하다는 의견을 제시하고 있다.

〈표 4-12〉 시설·서비스 여건에 관한 정책방안 조사 결과

(단위: %)

시설·서비스 여건	정책방안 의견				
국제회의장 시설	국제회의장 시설건립 시 각 지방자치단체의 자율 운영과 차별화(29.17)	대도시 및 지방도시 국제회의시설 확충 필요 (25.00)	신규건립에 대한 조정과 제한 (16.67)	국제회의시설 건립 시 세제감면 등 정부지원 확대 (14.58)	국제회의시설관련 표준 정립 (12.50)
전시시설	지자체별 차별화 전략을 통한 전시시설 운영 (40.54)	지방도시의 전시시설 확충 (21.62)	새로운 이벤트 발굴과 유사 행사규제 (16.22)	정부주도의 전시시설 개선과 조정 강화 (16.22)	–
숙박시설	지역별 다양한 등급의 호텔 건립 및 확충 (32.61)	중저가 숙박시설 확충 (28.26)	호텔 각종 세제혜택 및 마케팅 강화 (21.74)	호텔 간의 협력 체계 구축 (13.04)	–

시설·서비스 여건	정책방안 의견			
교통시설, 접근성	지자체의 교통인프라 구축을 위한 적극적 노력 필요 (35.71)	컨벤션지역별 공항과 호텔, 센터 간 셔틀버스 장기적 운영 (30.95)	다양한 항공사 유치활동 및 노선개발 (11.90)	다양한 교통수단에 대한 정확한 안내서 제공 (9.52)	-
국제회의 종사자의 자질	컨벤션기획사 자격에 대한 인센티브 부여 등 현 자격제도에 대한 개선안 마련 (31.37)	컨벤션종사자, 자격증 취득자에 대한 정례적인 재보수 교육 실시 등 재교육 강화 (23.53)	컨벤션업체에 대하여 컨벤션기획사 자격증 소지자 의무 고용 실시 (21.57)	상호 정보교환 네트워크 필요 (11.76)	-
컨벤션뷰로의 설치	컨벤션뷰로 설치를 위한 지자체의 적극적인 재정지원(28.13)	다양한 관련기관과 민간기업의 참여 유도 (21.88)	국제회의시설 설립허가 시 컨벤션뷰로 설치 의무화 (15.63)	-	-

2) 경제적 여건에 관한 정책방안 조사 결과

국제회의 종사원의 임금제도 개선을 위한 의견으로는 최저임금제 가이드라인 수립과 임금표준단가표 책정 및 적용(27.66%), 수익 평가에 따른 실적제 도입(25.53%) 정부의 임금 보조금제도 등 컨벤션업계 종사원 인사처우 개선을 위한 지원책이 필요(19.15%)함을 촉구하고 있다.

우리나라 국제회의산업 홍보 및 마케팅활동을 위한 자금 지원 방안으로는 관광진흥개발기금 확충 및 융자제도 마련(35.71%)과 지자체, 중앙정부의 적극적인 인력, 행정지원과 예산 확대(35.71%)를 제시하고 있다.

지역의 인프라개발, 편의시설 확충을 위한 투자를 위해서는 지자체의 장기적 투자계획의 필요성(30.23%)과 정부의 세제감면 및 투자재원 강화(20.93%), 민간투자 기회 확대(20.93%)를 제안하고 있다.

<표 4-13> 경제적 여건에 관한 정책방안 조사 결과

(단위: %)

경제적 여건	정책방안 의견			
국제회의 종사원의 임금 제도	최저임금제 가이드라인 수립과 임금 표준단가표 책정 및 적용 (27.66)	수익평가에 따른 실적제 도입 (25.53)	정부의 임금 보조금제도 등 컨벤션업계종사원 인사처우개선을 위한 지원책 필요(19.15)	국제회의 종사자들을 위한 표준화된 "복지정책수립 전담기구"설립 (8.51)
홍보, 마케팅 활동 자금 지원	관광진흥개발기금 확충 및 융자제도 마련 (35.71)	지자체, 중앙정부의 적극적인 인력, 행정지원과 예산 확대 (35.71)	국제회의 유치 활동실적에 따른 자금 지원 (16.67)	각 지역별 CVB (컨벤션뷰로) 설치 (7.14)
지역의 인프라개발, 편의시설 확충을 위한 투자	지자체의 장기적 투자계획 필요 (30.23)	정부의 세제감면 및 투자재원 강화 (20.93)	민간투자 기회 확대 (20.93)	경쟁력 있는 지역 선별과 수요 검증 후 건립투자 (16.28)

3) 사회적·문화적 여건에 관한 정책방안 조사 결과

우리나라의 국제회의 개최지로서의 이미지 향상을 위한 의견은 적극적인 국제기구 가입활동과 국제기구 내에서의 주도적 위치 선점(33.33%), "국제회의 유치 홍보 협의회"의 구성 등 해외 홍보 협력체계 구축(25.00%), 외국어 정기홍보 간행물 발간(14.58%) 순으로 나타났다.

관광자원에 대한 의견으로는 차별적 관광자원 및 이벤트 발굴(29.17%), 한국적 상품 개발 및 전통문화 프로그램 개발(25.00%), 지자체의 주력관광자원 개발(22.92%)을 제안하고 있었으며, 국제회의와 연계된 다양한 관광상품 개발을 위해서는 유치지역별 특성을 살린 차별성 행사 개발(36.17%)에 대한 주장이 많았으며, 그다음 순으로는 국제회의 주제별 관광상품 개발(25.53%)과 유치지역별 관광 코스 개발(14.89)을 제안하고 있다.

국제회의 개최국가로서는 반드시 필요한 안전, 보안을 유지하기 위한 방안으로 우선적으로 남북관계 평화분위기 조성과 북핵 해결(30.30%)을 강조하고 있었으며, 정치적 안정을 위한 노력(21.21%)도 중요한 사안으로 제시하고 있다.

마지막으로, 사회적 안정을 위한 대안으로 무엇보다도 노사갈등 해결과 일자리 창출(33.33%)을 꼽았으며, 정부의 국가 신용도 향상 노력(27.27%)의 필요성을 주장하고 있다.

〈표 4-14〉 사회적·문화적 여건에 관한 정책방안 조사 결과

(단위: %)

사회·문화적 여건	정책방안 의견				
국제회의 개최지로서의 이미지	적극적인 국제기구 가입활동과 국제기구 내에서의 주도적 위치 선점 (33.33)	"국제회의 유치홍보협의회"의 구성 등 해외 홍보협력체계구축 (25.00)	외국어 정기홍보 간행물 발간 (14.58)	지방도시에 대한 홍보, 마케팅 강화 (12.50)	남북관계에 대한 불안감 해소책 마련 (10.42)
관광자원	차별적 관광자원 및 이벤트발굴 (29.17)	한국적 상품 개발 및 전통문화프로그램개발 (25.00)	지자체의 주력관광자원 개발 (22.92)	지역 축제 특성화 (12.50)	-
국제회의와 연계된 다양한 관광상품 개발	유치지역별 특성을 살린 차별성 행사 개발 (36.17)	국제회의 주제별 관광상품개발 (25.53)	유치지역별 관광 코스 개발 (14.89)	관광상품 개발 특허제도 시행 (10.64)	-

사회·문화적 여건	정책방안 의견				
안전, 보안	남북관계 평화 분위기 조성과 북핵 해결 (30.30)	정치적 안정 노력 (21.21)	안전보안에 대한 지속적인 교육 실시 (18.18)	컨벤션 기간 중 지역별 특별치안 강화 (12.12)	–
사회적 안정	노사갈등 해결과 일자리 창출 (33.33)	정부의 국가신용도 향상의 노력 필요 (27.27)	국민의 올바른 의식 변화 독려 (18.18)	국내사회에서 긍정적 보도내용의 홍보활동 강화 (6.06)	–

4) 정치적·외교적 여건에 관한 정책방안 조사 결과

정치적 안정을 위한 대안으로는 지역정치, 파벌정치 타파(36.36%), 신문·TV매체의 올바른 보도(24.24%), 민주적 정당성 확보(21.21%)가 제시되었으며, 외교력을 증강시키기 위해서는 중앙정부의 외교역량 강화(37.14%), 국제기구 전문 인력의 양성(25.71%), 동북아 공동체 발전을 위한 한·중·일 외교노력의 증대(20.00%)가 필요함을 주장하고 있다.

또한, 우리나라의 평화적 이미지 구축을 위해서는 대북정책의 조율 강화(35.48%), 주변국가와의 관계 개선(32.26%), NGO의 국제적 활동 강화(29.03%)를 제안하고 있으며, 세계 속 우리나라의 국가 위상을 높이기 위한 대안으로 지속적인 홍보투자의 강화(34.21%)와 국가의 경제적 경쟁력 확보(31.58%)를 우선적인 대안으로 제시하고 있다.

국제회의 유치를 위한 체계적인 홍보와 선전을 위해서는 국제회의 홍보전담팀을 구성(25.53%)하거나, 주요 국제기구 행사 시 홍보관 적극 활용(25.53%)하는 방안을 제안하였으며, 국제기구 가입 및 참여도에 대한 의견으로는 정부와 NGO 단체 참여 확대(36.36%)와 국제기구 근무자 파견 및 인적 교류 활성화(33.33%)가 필요함을 주장하고 있다.

〈표 4-15〉 정치적·외교적 여건에 관한 정책방안 조사 결과

(단위: %)

정치·외교적 여건	정책방안 의견			
정치적 안정성	지역정치, 파벌 정치 타파 (36.36)	신문, TV매체의 올바른 보도 (24.24)	민주적 정당성 확보 (21.21)	-
외교력 (외교적 협력 및 발언권)	중앙정부의 외교역량 강화 (37.14)	국제기구 전문 인력 양성 (25.71)	동북아 공동체 발전을 위한 한, 중, 일 외교노력 증대 (20.00)	해외주재 부처 간의 원활한 정보 공유 (11.43)
평화적 이미지 구축	대북정책 조율 강화 (35.48)	주변국가와의 관계 개선 (32.26)	NGO 국제적 활동 강화 (29.03)	-
세계 속 우리나라 국가 위상	지속적인 홍보 투자 강화 (34.21)	국가 경제적 경쟁력 확보 (31.58)	국민의 참여와 선진국형 의식수준 필요 (13.16)	민간기업의 역량 강화 (13.16)
국제회의 유치를 위한 체계적인 홍보와 선전	주요 국제기구 행사 시 홍보관 적극 활용 (25.53)	국제회의 홍보전담팀 구성 (25.53)	체계적인 데이터베이스 구축과 네트워크 마련 (23.40)	세계 주요국가 상설 한국관 설치 (21.28)
국제기구 가입 및 참여도	정부와 NGO 단체 참여 확대 (36.36)	국제기구 근무자 파견 및 인적 교류 활성화 (33.33)	국제기구 회장단 선거참여 강화 (12.12)	국제기구 국제회의 유치 기여자(단체)에 대한 인센티브 부여 (9.09)

3. 3차 조사 분석

3차 조사에서는 2차 조사에서 도출된 국제회의산업 육성을 위한 각 부문별 정책방안에 대하여 다시 한번 중요도를 조사하여, 실제로 적용되고 육성되어야 할 국제회의산업 정책에 대한 전문가들의 의견을 종합적으로 정리하고자 하였다. 이에 대한 3차 조사 분석 결과는 다음과 같다.

1) 국제회의산업 시설·서비스 정책방안에 관한 중요도 분석

국제회의장 시설에 대한 정책 대안으로는 2차 조사와 같은 결과인 국제회의장 시설 건립 시 각 지방자치단체의 자율운영과 차별화(4.29)를 가장 중요한 사안으로 제시하였으며, 전시시설에 대해서는 지자체별로 차별화 전략(4.23)이 가장 중요한 운영방안으로 나타났다. 이와 더불어 새로운 이벤트의 발굴과 유사행사 규제(4.00)를 통한 운영을 제안하고 있다.

숙박시설에 대한 정책적 방안 중에서는 지역별 다양한 등급의 호텔 건립 및 확충(4.23)이 무엇보다도 시급하며, 중저가 숙박시설의 확충(4.17)을 주장하고 있어 이에 대한 지원책이 뒤따라야 할 것이다.

교통시설에 대한 정책방안으로는 지자체의 교통인프라 구축을 위한 적극적인 노력(4.11)과 함께 컨벤션 지역별 공항과 호텔·센터 간 셔틀버스 장기적 운영(4.00)의 필요성을 가장 중요하게 주장하고 있어 지자체의 교통인프라 지원을 위한 새로운 예산편성이 필요함을 나타내고 있다.

국제회의 종사자의 자질 향상을 위해서는 컨벤션 종사자, 자격증 취득자에 대한 정례적인 재보수 교육의 필요성(4.05)을 중요하게 제안하고 있어 이에 대한 법안의 필요성이 제기되고 있으며, 컨벤션뷰로의 설치를 위해서도 지자체의 적극적인 재정지원(4.26)이 요청되고 있다.

〈표 4-16〉 국제회의산업 시설·서비스 정책방안에 관한 중요도 분석

시설·서비스 여건	정책방안 의견	중요도 평균값 (표준편차)
국제회의장 시설	국제회의장 시설 건립 시 각 지방자치단체의 자율 운영과 차별화	4.29 (0.52)
	신규건립에 대한 조정과 제한	4.20 (0.88)
	국제회의시설 건립 시 세제감면 등 정부지원 확대	4.00 (0.81)
	국제회의시설관련 표준 정립	3.61 (0.81)
	대도시 및 지방도시 국제회의시설 확충 필요	3.26 (0.89)
전시 시설	지자체별 차별화전략을 통한 전시시설 운영	4.23 (0.49)
	새로운 이벤트발굴과 유사행사 규제	4.00 (0.73)
	지방도시의 전시시설 확충	3.44 (0.78)
	정부주도의 전시시설 개선과 조정강화	3.41 (0.89)
숙박시설	지역별 다양한 등급의 호텔 건립 및 확충	4.23 (0.69)
	중저가 숙박시설 확충	4.17 (0.79)
	호텔 간의 협력체계 구축	4.00 (0.69)
	호텔 각종 세제혜택 및 마케팅 강화	3.97 (0.79)
교통시설, 접근성	지자체의 교통인프라 구축을 위한 적극적 노력 필요	4.11 (0.59)
	컨벤션 지역별 공항과 호텔·센터 간 셔틀버스 장기적 운영	4.00 (0.69)

시설·서비스 여건	정책방안 의견	중요도 평균값 (표준편차)
교통시설, 접근성	다양한 교통수단에 대한 정확한 안내서 제공	3.97 (0.71)
	다양한 항공사 유치활동 및 노선개발	3.94 (0.64)
국제회의 종사자의 자질	컨벤션 종사자, 자격증 취득자에 대한 정례적인 재보수 교육 실시 등 재교육 강화	4.05 (0.73)
	상호 정보교환 네트워크 필요	4.02 (0.52)
	컨벤션기획사 자격에 대한 인센티브 부여 등 현 자격제도에 대한 개선안 마련	3.94 (1.04)
	컨벤션업체에 대하여 컨벤션기획사 자격증소지자 의무고용 실시	3.61 (1.07)
컨벤션뷰로의 설치	컨벤션뷰로 설치를 위한 지자체의 적극적인 재정지원	4.26 (0.75)
	다양한 관련기관과 민간기업의 참여 유도	4.23 (0.55)
	국제회의시설 설립허가 시 컨벤션뷰로 설치 의무화	3.91 (0.79)
	기존의 관광조직을 확대 개편하는 방안	3.64 (0.91)

2) 국제회의산업 경제적 정책방안에 관한 중요도 분석

국제회의 종사원의 임금제도는 정부의 임금 보조금제도 등을 통한 컨벤션업계 종사원 인사처우가 개선(4.05)되어야 한다는 의견과 수익평가에 따른 실적제 도입(4.05)의 필요성이 가장 강하게 제기되었으며, 이를 위한 지원책 마련이 필요하다 하겠다.

홍보·마케팅활동 자금 지원을 위한 정책방안 중에서는 지자체, 중앙정부의 인력과 행정지원에 대한 예산 확대(4.41)를 가장 필요하다고 지적하였으며, 지역의 인프라 개발과 편의시설 확충을 위한 투자에 있어서는 무분별한 투자가 아닌 경쟁력 있는 지역을 선별하여 수요에 대한 검증 후 건립 투자를 하는 것이 가장 중요(4.32)한 것으로 지적되었다.

<표 4-17> 국제회의산업 경제적 정책방안에 관한 중요도 분석

경제적 여건 항목	정책방안 의견	중요도 평균값 (표준편차)
국제회의 종사원의 임금 제도	정부의 임금 보조금제도 등 컨벤션업계 종사원 인사처우 개선을 위한 지원책 필요	4.05 (0.73)
	수익평가에 따른 실적제 도입	4.05 (0.60)
	최저임금제 가이드라인 수립과 임금 표준 단가표 책정 및 적용	3.94 (0.69)
	국제회의 종사자들을 위한 표준화된 "복지정책수립 전담기구"설립	3.47 (0.96)
홍보·마케팅활 동자금 지원	지자체, 중앙정부의 적극적인 인력, 행정지원과 예산 확대	4.41 (0.65)
	관광진흥개발기금 확충 및 융자제도 마련	4.20 (0.59)
	각 지역별 CVB(컨벤션뷰로)설치	4.17 (0.67)
	국제회의 유치활동실적에 따른 자금 지원	4.14 (0.55)
지역의 인프라 개발, 편의시설 확충을 위한 투자	경쟁력 있는 지역선별과 수요검증 후 건립투자	4.32 (0.63)
	지자체의 장기적 투자계획 필요	4.26 (0.66)
	정부의 세제감면 및 투자재원 강화	4.00 (0.77)
	민간투자 기회 확대	3.97 (0.67)

3) 국제회의산업 사회적·문화적 정책방안에 관한 중요도 분석

국제회의 개최지로서의 이미지 향상 방안 중에서는 적극적인 국제기구 가입활동과 국제기구 내에서의 주도적 위치 선점(4.52)이 무엇보다도 우선시되어야 할 대안으로 제시되었다.

관광자원에 대한 의견은 차별적 관광자원과 이벤트의 발굴(4.44)을 위한 노력과 한국적 상품개발 및 전통문화 프로그램을 개발(4.38)하는 노력이 필요함을 가장 중요하게 지적하였고, 국제회의와 연계된 다양한 관광상품 개발의 대안에 있어서도 유치지역별 특성을 살린 차별적인 행사의 개발(4.05)이 절실하다는 의견을 나타내었다.

안전, 보안에 대한 정책방안 중에서는 정치적 안정(4.02)과 남북관계 평화분위기 조성, 북핵 해결(4.00)이 우선시되어야 함을 제시하였으며, 사회적 안정을 위해서는 정부의 국가 신용도 향상을 위한 노력이 가장 중요하다(4.05)고 나타났다.

〈표 4-18〉 국제회의산업 사회적·문화적 정책방안에 관한 중요도 분석

사회적·문화적 여건 항목	정책방안 의견	중요도 평균값 (표준편차)
국제회의 개최지로서의 이미지	적극적인 국제기구 가입활동과 국제기구 내에서의 주도적 위치 선점	4.52 (0.61)
	"국제회의 유치 홍보 협의회"의 구성 등 해외 홍보 협력체계 구축	4.23 (0.65)
	지방도시에 대한 홍보, 마케팅 강화	4.14 (0.55)
	남북관계에 대한 불안감 해소책 마련	4.11 (0.72)
	외국어 정기홍보 간행물 발간	4.11 (0.72)

사회적·문화적 여건 항목	정책방안 의견	중요도 평균값 (표준편차)
관광자원	차별적 관광자원 및 이벤트 발굴	4.44 (0.61)
	한국적 상품개발 및 전통문화 프로그램 개발	4.38 (0.69)
	지자체의 주력관광자원 개발	4.17 (0.57)
	지역축제 특성화	4.00 (0.50)
국제회의와 연계된 다양한 관광상품 개발	유치지역별 특성을 살린 차별성 행사 개발	4.05 (0.48)
	국제회의 주제별 관광상품 개발	4.02 (0.67)
	유치지역별 관광 코스 개발	4.00 (0.55)
	관광상품 개발 특허제도 시행	3.61 (0.81)
안전, 보안	정치적 안정 노력	4.02 (0.71)
	남북관계 평화분위기 조성과 북핵 해결	4.00 (0.77)
	컨벤션 기간 중 지역별 특별치안 강화	3.88 (0.84)
	안전보안에 대한 지속적인 교육 실시	3.88 (0.84)
사회적 안정	정부의 국가 신용도 향상의 노력 필요	4.05 (0.85)
	노사갈등 해결과 일자리 창출	3.85 (0.82)
	국민의 올바른 의식 변화 독려	3.82 (0.75)
	국내사회에서 긍정적 보도내용의 홍보활동 강화	3.79 (0.80)

4) 국제회의산업 정치적·외교적 정책방안에 관한 중요도 분석

정치적 안정을 유지하기 위한 방안 중에서는 신문, TV매체의 올바른 보도(3,97)가 가장 중요한 것으로 나타났으며, 외교력 부문에 있어서는 국제기구 전문 인력을 양성(4.41)하여 외교역량을 강화하는 것이 가장 필요한 것으로 지적되었다.

우리나라의 평화적 이미지 구축을 위한 정책방안 중에서는 NGO의 국제적 활동 강화(4.00)를 가장 필요한 의견으로 제시하였고, 세계 속에서 우리나라 국가 위상확립을 위해서는 무엇보다도 국가의 경제적 경쟁력이 확보(4.47)되어야 함을 강조하였다. 따라서 민간기업과 단체의 국제적 활동에 대한 정부의 새로운 지원책과 협조가 뒷받침되어야 할 것이다.

국제회의 유치를 위한 홍보와 선전을 위해 가장 우선시되어야 할 방안으로는 체계적인 데이터베이스 구축과 네트워크의 마련(4.47)이 필요하다고 지적되었으며, 국제기구 가입 및 참여도 측면에서는 국제기구 근무자 파견 확대와 인적 교류의 활성화(4.35)를 위한 노력이 가장 필요한 것으로 나타났다.

〈표 4-19〉 국제회의산업 정치적·외교적 정책방안에 관한 중요도 분석

정치적·외교 적여건 항목	정책방안 의견	중요도 평균값 (표준편차)
정치적 안정성	신문, TV매체의 올바른 보도	3.97 (0.71)
	민주적 정당성 확보	3.58 (0.74)
	지역정치, 파별정치 타파	3.44 (0.78)

정치적·외교 적여건 항목	정책방안 의견	중요도 평균값 (표준편차)
외교력 (외교적 협력 및 발언권)	국제기구 전문 인력 양성	4.41 (0.60)
	중앙정부의 외교역량 강화	4.29 (0.67)
	해외주재 부처 간의 원활한 정보공유	4.29 (0.67)
	동북아 공동체발전을 위한 한·중·일 외교노력 증대	4.00 (0.73)
평화적 이미지 구축	NGO 국제적 활동 강화	4.00 (0.69)
	주변국가와의 관계 개선	3.88 (0.59)
	대북정책 조율 강화	3.79 (0.72)
세계 속 우리나라 국가 위상	국가 경제적 경쟁력 확보	4.47 (0.56)
	지속적인 홍보투자 강화	4.23 (0.69)
	국민의 참여와 선진국형 의식수준 필요	4.05 (0.73)
	민간기업의 역량 강화	4.02 (0.57)
국제회의 유치를 위한 체계적인 홍보와 선전	체계적인 데이터베이스 구축과 네트워크 마련	4.47 (0.50)
	주요 국제기구 행사 시 홍보관 적극 활용	4.23 (0.55)
	국제회의 홍보전담팀 구성	4.11 (0.68)
	세계 주요국가 상설 한국관 설치	3.97 (0.79)

정치적·외교 적여건 항목	정책방안 의견	중요도 평균값 (표준편차)
국제기구 가입 및 참여도	국제기구 근무자 파견 및 인적 교류 활성화	4.35 (0.59)
	정부와 NGO단체 참여 확대	4.14 (0.55)
	국제기구 국제회의 유치 기여자(단체)에 대한 인센티브 부여	4.02 (0.67)
	국제기구 회장단 선거참여 강화	3.97 (0.57)

제 5 장 결 론

제1절
연구결과 요약 및 시사점

이 연구는 우리나라 국제회의산업 육성을 위한 정책적인 접근방안을 마련하기 위하여 기존 연구에 대한 이론적인 고찰을 통해 국제회의산업 육성정책에 영향을 미치는 요인을 살펴보고, 전문가 집단을 대상으로 의견조사를 실시하여 구체적인 정책방안을 제시하였다. 의견조사는 1라운드에서 다양하게 제시된 대안들의 중요도를 분석하고, 2라운드에서 구체적인 정책적 방안들을 제시하도록 하였다. 그리고 그 결과를 토대로 3라운드에서는 제시된 방안들 간의 우선순위를 정하도록 하였다.

그 분석 결과를 살펴보면 다음과 같다.

첫째, 우리나라 국제회의산업의 전반적인 여건에 대한 전문가들의 의견은 대체적으로 보통 수준이라고 생각하는 반면, 우리나라 국제회의산업 정책에 대해서는 잘되어 있지 않다는 의견이 절반이 넘어 아직 우리나라의 국제회의산업 정책이 개선되어야 할 점이 많으며, 이에 대한 보다 종합적이고 구체적인 방안이 필요하다.

둘째, 국제회의산업 시설·서비스 부문에 있어서, 국제회의장 시설이 서울에만 편중되어 있어 지역경제 발전의 불균형을 초래하는 문제로 발전될 수 있기에 국제회의시설의 지방 분산과 더불어, 신규건립에 있어서도 무분별한 시설 확충보다는 정부의 조정과 제한을 통해 과잉공급에 따른 투자재원의 낭비요소를 없애고, 충분한 수요검증을 통해 장래성 있는 지역에의 시설 건립이 추진되어야 한다.

그리고 지역별 특성을 살린 새로운 이벤트 발굴과 지역 간의 유사행사의 규제를 통한 지자체 간의 국제회의시설 운영 차별화 전략이 필수적이며, 이를 지원하기 위한 정부의 강력한 투자 지원책이 필요하다.

숙박시설에 있어서는 지역별 다양한 등급의 호텔 건립과 저가격대비 높은 만족도를 제공할 수 있는 중저가 숙박시설의 확충이 시급한 실정이다.

교통시설·접근성을 향상시키기 위한 방안으로는 지자체의 교통인프라 구축을 위한 예산 증대와 노력, 컨벤션 지역별 공항과 호텔·센터 간 셔틀버스의 장기적 운영, 다양한 교통수단에 대한 정확한 안내서 제공과 항공사 유치를 위한 활동 및 노선개발이 이루어져야 한다.

우리나라의 국제회의산업은 최근 들어 컨벤션 전공자의 배출과 컨벤션기획사 자격제도의 시행으로 많은 업무지원자들이 배출되고 있으나 전문적인 실무능력을 갖춘 인재는 아직도 많이 부족한 실정이다. 따라서 국제회의 종사자의 자질 향상을 위해 컨벤션 종사자·자격증 취득자에 대한 정례적인 재보수 교육을 실시하고, 현 자격제도에 대한 문제점을 정확히 파악하고 이를 위한 개선안 마련이 시급하다. 또한 자격증을 취득하고도 국제회의 분야에서 종사하기를 꺼려하는 문제들을 해결해 주어야 한다. 즉, 컨벤션기획사 자격 소지자에 대해서는 취업 인센티브 제도를 마련해 주고, 컨벤션업체에 대해서는 컨벤션기획사 자격증 소지자 의무고용 제도를 실시해야 한다고 지적되었다.

우리나라는 타 선진국대비 지자체 컨벤션뷰로가 매우 부족한 형편이다. 국제회의산업 활성화를 위해서는 필수적으로 지역별 컨벤션뷰로가 설치되어야 하는데, 이를 위해 지자체의 적극적인 재정지원과 다양한 관련기관과 민간기업의 참여가 요청된다.

셋째, 국제회의산업 경제적 측면에 있어, 국제회의 종사원들은 교육 수준이나 경력, 자질, 과도한 업무량에 비해 실질적인 임금은 적다고 여긴다. 이러한 임금불만 문제를 해결하고, 유능한 인재들이 국제회의 산업 종사원으로 유입될 수 있도록 정부의 지원책이 필요하다. 즉, 임금 보조금제도라든가 최저임금제 가이드라인 책정, 임금 표준 단가표 책정 등을 통해 적정임금이 확보될 수 있는 정책마련이 시급하다.

홍보·마케팅활동자금 지원을 위해서는 관광진흥개발기금의 확충, 융자제도 마련, 지자체·중앙정부의 지원 예산 확대뿐만이 아니라, 국제회의 유치활동 실적에 따른 자금 지원 방안이 검토되어야 한다.

또한, 지역의 인프라 개발과 편의시설 확충을 위한 투자에 있어서는 무분별한 투자가 아닌 경쟁력 있는 지역을 선별하여 수요에 대한 검증 후 건립 투자를 하는 것이 가장 중요하며, 민간기업의 참여와 정부와 지자체의 단기적이 아닌 장기적이고 체계적인 계획 아래서 투자와 지원이 이루어져야 한다.

넷째, 국제회의산업 사회적·문화적 여건에 있어서, 우리나라는 동북아 중심이라는 지리적인 장점에도 불구하고, 국제회의 개최지로서의 긍정적인 이미지를 충분히 살리지 못하고 있다. 따라서 국제회의 개최지로서의 이미지를 향상시키기 위해서는 적극적인 국제기구 가입과 활동, 국제기구 내에서의 주도적 위치 선점이 무엇보다도 중요하며 북한문제로 인한 불안감 해소를 위해 한국의 상황을 지속적이고 정확하게 홍보할 수 있는 조직체계 마련이 시급하다.

우리나라는 국제회의 유치를 위해 투자되는 홍보비용이 극히 제한되어 다양한 홍보물과 매체를 통한 유치활동에 어려움이 있다. 따라서 국제회의 유치·홍보 예산의 지속적인 확대노력이 필요하다. ‘국제회의 유치 홍보 협의회’의 구성을 통한 적극적인 유치활동과 해외 홍보 협력체계의 구축, 서울과 지방도시에 대한 차별화된 홍보와 마케팅 전략이 반드시 필요하다.

그리고 우리나라의 관광자원과 국제회의와 연계된 다양한 관광상품 개발을 위해 한국적인 상품 및 전통문화를 살릴 수 있는 프로그램을 개발하고, 지역과의 연계성이 결여된 상품이 아닌 유치지역별 특성을 살릴 수 있는 주력관광자원의 개발이 추진되어야 하며, 이는 또한 실질적인 수익창출 효과를 거둘 수 있어야 한다.

안전, 보안에 있어서는 우선적으로 해결되어야 할 문제가 정치적 안정, 남북관계에 있어서의 평화 분위기 조성, 북핵문제 조기해결이라고 할 수 있다. 이를 통해 외국인들의 의구심이나 불안감을 해소시켜 줄 수 있어야 한다. 그리고 국제회의 개최지로서 국제회의가 개최되는 기간 동안에는 특별히 치안을 강화하고, 안전 보안에 대한 지속적인 교육이 실시되어야 한다.

국제회의 개최지로서의 중요한 요건은 또한, 사회적으로 안정된 나라, 안정된 지역이어야 한다는 것이다. 정부는 국가 신용도 향상을 위한 노력을 끊임없이 해야 할 것이며, 노사갈등 문제 해결과 일자리 창출, 노숙자 문제 해결을 위한 노력을 아끼지 말아야 한다.

다섯째, 국제회의산업의 정치적·외교적 여건에 있어서, 정치적 불안정은 사회적 경제적인 안정성에도 영향을 줄 수 있다. 따라서 정치적 안정성을 유지하기 위해서는 신문과 TV매체의 올바른 보도와 함께 정치인들의 지역정치, 파벌정치를 타파하고 민주적 정당성을 확보하는 것이 매우 중요하다.

우리나라는 외교력이 그다지 높지 않아 국제회의를 유치하는 데 있어서 많은 어려움이 있다. 따라서 외교적 협력 및 발언권을 높이기 위해서는 국제기구 전문 인력을 양성하여 외교역량을 강화하고, 해외주재 부처 간의 원활한 정보 공유, 동북아 공동체 발전을 위한 한·중·일의 외교적 노력이 증대되어야 한다.

앞에서도 언급하였듯이 북한 핵문제 등으로 인하여 우리나라는 대외적인 평화적 이미지 구축에 많은 어려움이 있다. 하지만 대북정책에 대한 조율을 강화하고, NGO의 적극적인 국제적 활동을 통해 해결해 나가야 할 것이며, 주변국가와의 관계 개선에도 많은 노력을 기울여야 할 것이다.

현재, 세계 속 우리나라 국가 위상은 점점 높아지고 있다고 볼 수 있으나, 최근 일본의 역사 왜곡과 독도 소유권 분쟁으로 인하여 많은 문제가 제기되고 있다. 세계 속에서 우리나라 국가 위상확립을 위해서는 무엇보다도 국가의 경제적 경쟁력이 확보되어야 하며, 우리나라에 대한 지속적인 홍보투자, 국민의 참여, 민간기업과 단체의 국제적 활동에 대한 정부의 새로운 지원책과 협조가 뒷받침되어야 한다.

국제회의 유치 홍보와 선전을 위한 구체적인 방안으로는 체계적인 데이터베이스 구축과 네트워크 마련, 국제회의 홍보전담팀을 구성하고, 기존의 관광조직도 효율적으로 활용하는 대안이 필요하다. 세계 주요국가에 상설 한국관을 설치하거나. 주요 국제기구 행사 시 홍보관을 적극 활용하는 방안도 강구해야 할 것이다.

우리나라는 '국제기구 가입 및 참여도'에 있어서, 국제회의 전문 국제기구에 대한 정보 부족으로 참여도가 미흡한 실정이다. 이러한 문제를 해결하기 위해서는 국제기구 내에 우리나라 근무자를 적극 파견하고, 인적 교류를 활성화시키는 방안이 시행되어야 한다. 그러기 위해서도 NGO단체의 참여를 확대하고, 국제기구 국제회의 유치 기여자와 단체에 대한 인센티브를 부여하는 제도도 적극 활용, 추진하여야 한다.

제2절
연구결과의 한계 및 향후과제

이 연구는 국제회의 관련 전문가 집단을 대상으로 하여, 국제회의산업 육성을 위한 정책적 대안을 제시하기 위한 실증적 조사이다. 이 연구는 다음과 같은 한계점을 가지고 있으며, 향후 후속연구를 위한 연구방향을 제시하고자 한다.

첫째, 이 조사는 델파이 기법을 이용한 조사방법을 택하여 37명의 소수 전문가 집단을 대상으로 조사함에 따라, 표본 수가 적어 집단 간의 차이를 검증하는 데 큰 의미가 없는 한계점이 있었다.

둘째, 우리나라 국제회의산업 육성을 위한 정책적 방안 제시를 위하여 델파이 기법을 적용함에 따라, 응답 전문가 집단의 의견 제시에만 국한되어, 지역별 국제회의산업 육성정책을 위한 보다 실질적인 방안 연구가 부족하였다.

셋째, 선행 연구 측면에서 국제회의산업 정책방향을 다룬 연구가 거의 없어 다각적인 검토와 분석이 미흡한 한계점이 있었다.

따라서 향후 연구에 있어서는 이 연구의 정책방안으로 제시된 과제들에 대한 보다 구체적인 연구와 위에서 제기된 한계점을 해결하기 위한 심도 있는 연구가 이루어져 우리나라 국제회의산업 육성에 크게 기여할 수 있는 연구결과가 나오길 기대한다.

[참고문헌]

1. 국내 문헌

1. 김성혁(2002), 컨벤션 산업론, 백산출판사.
2. 김용관(1997), "경기도 컨벤션 산업 육성방안에 관한 연구", 관광경영학연구 창간호, 한국관광경영학회.
3. 김우곤(1997), "국내 컨벤션 산업의 현황 및 경제파급효과에 관한 연구", 호텔관광경영연구, 제12집.
4. 김의근(2000), "제주지역 국제회의산업 육성정책에 관한 연구", 경기대 대학원 박사학위논문.
5. 나기산외 4인(1990), 정책분석론, 법문사.
6. 노화준(1984), 정책평가론, 법문사.
7. 노화준(1997), 정책분석론, 박영사.
8. 박승욱(1987), 국제회의 용역업 육성정책에 바란다, 한국관광협회, 관협10월호.
9. 박창수(2003), 컨벤션 산업론, 대왕사.
10. 서승진·윤은주(2002), 컨벤션 산업론, 영진닷컴.
11. 송재호(1996), "지방정부의 관광정책 이해집단 간 갈등관리에 관한 연구", 경기대 대학원 박사학위논문.
12. 안경모·이광우(1999), 국제회의기획경영론, 백산출판사.
13. 안해균(1990), 정책학원론, 다산출판사.
14. 윤세목(2002), 국제회의론, 가산출판사.
15. 이광원(1997), 관광학원론, 기문사.
16. 이대희(1991), 정책가치론, 대영문화사.
17. 이장춘·박창수(2003), 국제회의론. 대왕사,
18. 이장춘(1996), 관광정책학, 대왕사.

19. 이종렬(1987), 정책학원론, 대왕사.
20. 임형택(2002), "국제회의 운영단계별 지원정책방안에 관한 연구", 한양대 국제
    관광대학원 석사학위논문.
21. 정정길(1990), 정책결정론, 대명출판사.
22. 최승이 · 한광종(1995), 국제회의산업론, 백산출판사.
23. 최태광(2004), 컨벤션기획실무론, 백산출판사.
24. 최태영(1997), 국제회의산업론.
25. 황희곤 · 김성섭(2002), 컨벤션마케팅과 경영, 백산출판사.

〈자 료〉

1. 문화관광부(2004), 국제회의산업 육성계획.
2. 한국관광연구원(1998), 국제회의산업 육성 기본계획(안), 정책연구 보고서.
3. 국제회의연합(UIA)(2004), 세계 국제회의 개최현황.
4. http://www.busancvb.org/
5. http://www.city.yokohama.jp/
6. http://www.daegucvb.com/
7. http://www.exd.city.kobe.jp/
8. http://www.knto.or.kr/
9. http://www.mct.go.kr/

2. 외국 문헌

1. Anderson, James E.(1979), *Public Policy Making*, Holt: Rinehart
   and Winston.
2. Dror, Yhezkel(1969), *Pubilc Policy Making*, Reexamined, Scranton,
   Penn.: Chandler Publishing Co.
3. Edgell, David L.(1990), *International Tourism Policy*, N.Y: Van
   Nostrand Reinhold.
4. Edgell, David L.(1987), "The Formation of Tourism Policy: A
   Managerial Framework", in Brent Richie, Jr. & C.R. Gouldner,

    Travel, Tourism Hospitality Research: A Handbook for Managers and Researchers(New York: John Wiley & Sons, Inc).

5. Lasswell, Harold D. & Abraham Kaplan(1970), *Power and Society*, New Haven: Yale University Press.

6. Leiper, Neil(1979), "The Framework of Tourism: a Definition of Tourism, Tourist, The Tourist Industry, "*Annals of Tourism Research*, Vol.6, No.3.

7. Robert Christie Mill & Alasair M. Morrisonl(1985), *The Tourism System*, New York PrenticeHal.

8. Sachs, Seymour & Robert Harris(1964), "The Determinants of State and Local Govermment Expenditures and Intergoverment Flows of Funds", *National Tax Journal*, Vol.17.

9. Sessa, Alberto(1983), *Elements of Tourism Economics*, Rome: Catal.

10. Van Doom, Joseph W.M.(1982), "Can Future Research Contribute to Tourism Policy", *Tourism Management*, Vol.3, No.3.

11. Var, Turgut, Frank Cesario and Gary Mauser(1985), "Convention Tourism Modeling", *Tourism Management*, Butterworth & Co. Ltd, Vol.6, No.3.

12. Voso, Michele(1998), *The Convention and Meeting Planner's Handbook*, Lexington D.C.: Health and Company.

13. Wilensky, Harold(1975), *The Welfare State and Equality*, Berkeley: University of California Press.

정은경

<학력>
경희대학교 경영대학원 관광경영학과 수료 / 경영학석사
경원대학교 대학원 관광경영학과 수료 / 경영학박사

<경력>
삼성전자 정보통신(본) 마케팅팀 근무
(주)다움투어 이사

현) 숭의여자대학 관광과 겸임교수
    (주)국악중심 이사

<저서>
『관광사업론』(공저), 2006.02 / 백산출판사

<연구논문>
「한국관광 브랜드 이미지 정착을 위한 마케팅 연구」(한국관광정보학회)
「국제회의산업의 정책적 방안 연구」(관광경영학회)
「컨벤션기획사제도 정착을 위한 연구」(한국관광정보학회)
「유스호스텔사업의 현황과 발전방안에 관한 연구」(국제관광무역학회)
「그린마케팅이 호텔서비스 구매결정에 미치는 영향에 관한 연구」(한국관광
서비스학회)
「폐광지역주민의 관광개발에 대한 태도연구」(경희대학교 대학원) 외

박대한

<학력>
경희대학교 경영대학원 관광경영학과 수료 / 경영학석사
경원대학교 대학원 관광경영학과 수료 / 경영학박사

<경력>
(주)에코투어 대표이사
대림대학 겸임교수

현) 건국대학교 평생교육원 외래교수
    시민참여네트워크 사무국장
    한강사랑시민연대 사무처장

교육과 학교를 위한 학부모연합 이사

<저서>
『관광학원론』(공저) 2003.03 / 대왕사

<논문>
「여행사 종사원의 무형자산 지각이 고객지향성에 미치는 영향 연구」(경원대학교 대학원)
「서울시티투어 이용객의 만족도 연구」(경희대학교 대학원)
「여행사 시장지향성과 사업성과 간의 관계 연구」(관광경영학회)
「한류를 통한 중국인 관광객 유치 전략」(한국관광정보학회)

국제회의산업 정책

• 초판 인쇄	2007년 3월 2일
• 초판 발행	2007년 3월 2일
• 지 은 이	정은경·박대한
• 펴 낸 이	채종준
• 펴 낸 곳	한국학술정보㈜
	경기도 파주시 교하읍 문발리 526-2
	파주출판문화정보산업단지
	전화　031) 908-3181(대표)·팩스　031) 908-3189
	홈페이지　http://www.kstudy.com
	e-mail(출판사업팀사업부)　publish@kstudy.com
• 등　　록	제일산-115호(2000. 6. 19)
• 가　　격	8,000원

ISBN　　978-89-534-6525-1 93300 (Paper Book)
　　　　978-89-534-6526-8 98300 (e-Book)